글쓰기로 오십을 바꾸다

글쓰기로 오십을 바꾸다

인생 후반전을 위한 가장 조용하고 단단한 변화

초 판 1쇄 2025년 05월 22일

지은이 최윤리
펴낸이 류종렬

펴낸곳 미다스북스
본부장 임종익
편집장 이다경, 김가영
디자인 임인영, 윤가희
책임진행 안채원, 이예나, 김요섭, 김은진, 장민주

등록 2001년 3월 21일 제2001-000040호
주소 서울시 마포구 양화로 133 서교타워 711호
전화 02) 322-7802~3
팩스 02) 6007-1845
블로그 http://blog.naver.com/midasbooks
전자주소 midasbooks@hanmail.net
페이스북 https://www.facebook.com/midasbooks425
인스타그램 https://www.instagram.com/midasbooks

© 최윤리, 미다스북스 2025, *Printed in Korea*.

ISBN 979-11-7355-240-3 03190

값 18,500원

미다스북스는 다음세대에게 필요한 지혜와 교양을 생각합니다.

인생 후반전을 위한 가장 조용하고 단단한 변화

글쓰기로
오십을 바꾸다

최윤아 지음

미다스북스

Chapter 1
나를 돌아보는 글쓰기

Chapter 2
사소한 하루에 말을 거는 시간

Chapter 3
매일 쓰는 몸, 매일 자라는 마음

Chapter 4
글로 나를 꺼내는 연습

Chapter 5
서드 에이지, 나를 확장하는 문장들

다른 삶을 향한 첫 문장

"어떡해… 이제 우리 오십이야."

오랜만에 걸려 온 친구의 전화, 수화기 너머 그녀의 마지막 넋두리가 혼잣말처럼 흘러나왔다. 서른, 마흔이라는 나이가 그랬듯, 오십이라는 나이도 별다른 것 없는 평범한 날처럼 내게 왔다.

앉았다 일어나 산 보니 마흔이었고, 감았던 눈을 떴더니

나는 쉰 고개를 훌쩍 넘어서고 있었다.

- 김용택, 『인생』 중에서 -

오십은 불면과 함께 시작되었다.

'나는 잘 살고 있는 것일까?', '열심히 살았던 것 같은데, 왜 내게 남은 건 아무것도 없을까?', '계속 이렇게 살아도 될까?'

늦게까지 뒤척이다 겨우 잠드는 날이 잦아졌고, 그런 날이면 꿈속에서조차 편안하지 않았다. 꿈속의 나는 늘 무언가로부터 쫓기며 도망쳤다. 안전

장치도 없이 높은 곳을 힘겹게 오르다 끝없이 아래로 곤두박질치곤 했다.

늦은 밤까지 잠 못 이루던 어느 날, 습관처럼 수면 앱을 뒤적이는 대신 침대에서 몸을 일으켰다. 노트북을 열었다. 희미하고 침침한 눈과 함께 찾아온 오십이라는 나이와 내 앞에 펼쳐진 삶은 막막하고 두려웠다. 점점 좁아지는 인간관계, 한계가 보이는 직장 내에서의 커리어, 떨어지는 체력은 나를 자꾸 움츠러들게 만들었다. 젊었을 적 꿈꾸었던 이상과 꿈은 어디로 갔는지 알 수 없고, 겨우 먹고는 살고 있지만 빛나는 미래에 대한 희망은 좀처럼 보이지 않는다.

두려움, 막막함, 조바심과 초조함을 두서없이 글로 풀어내는 동안 어느새 창밖은 뿌옇게 밝아오고 있었다. 답답했던 마음이 조금은 가벼워졌으나 머릿속은 여전히 복잡했다. 다시 잠이 올 것 같지도 않고, 그대로 아침을 맞이하고 싶지도 않았다. 겉옷을 대충 걸치고 산책을 나갔다. 이른 새벽, 푸르스름하게 하늘이 밝아온다. 서늘한 공기를 가르며, 부지런히 어디론가 향하는 몇몇 사람이 보일 뿐 거리는 조용하다. 밤과는 또 다른 고요와 차분함으로 날이 밝아오는 새벽 거리에서, 나는 생각했다.

'다르게 살고 싶다.', '진짜 내 삶을 살고 싶다.'

젊다고 할 수도, 늙었다고 단정할 수도 없는 오십의 나이. 가장, 직장인, 부모, 다양한 역할과 모습으로 치열하게 살면서 어떤 이는 이만큼 이루어 놓은 자신에게 대견함과 뿌듯함을 느낄 것이다. 하지만, 나름대로 열심히 살았는데, 삶은 여전히 혼란스럽고 손에 쥔 모래알처럼 빠져나가는 시간 앞에 무력함을 느끼는 이도 있을 것이다.

사회적 기대와 의무, 책임져야 할 많은 것들에 밀려 달려온 삼사십 대의 삶과 오십 대의 삶은 다르다. 이제 남은 삼십 년의 삶을 준비해야 하는 때다. 유럽에서는 생애 주기를 포 섹터(Four Sector)로 보는 개념이 있다고 한다. 포 섹터는 우리의 생애를 크게 퍼스트 에이지(First Age), 세컨드 에이지(Second Age), 서드 에이지(Third Age), 포스 에이지(Fourth Age)로 나누고 있다. 이 중 서드 에이지는 사십 대에서 칠십 대 중후반을 아우르는 시기를 말한다. 가정을 이루고 사회적 역할을 열심히 수행하던 시기에서 시선의 중심을 조금씩 자신에게로 가져오는 시기다. 일과 가정을 위해 지금까지의 시간을 썼다면 이제는 나를 위해 시간을 쓸 수 있어야 한다. 기억 저편에 묻어두었던 꿈을 꺼내 봐도 좋고, 망설였던 새로운 도전을 시작해 봐도 좋다.

그러기 위해선 한 번쯤 지금까지의 인생에 대한 차분한 정리가 필요하다. 손때 묻은 노트와 수첩들, 가족과 친구, 직장 동료, 소중한 인생의 순간들을 돌아보며, 앞으로 내게 다가올 삶에 대해 깊이 생각해 보자. 짧은 여행도 좋고, 혼자만의 시간을 가져보는 것도 의미 있을 것이다. 가장 좋은 것은 떠오르는 생각들을 글로 정리해 보는 것이다. 보이지 않는 감정도 글로 옮기면 실체가 보이고, 막연하던 생각도 구체화할 수 있다. 누구에게나, 인생의 전환점에서는 글쓰기가 반드시 필요하다.

이 시간을 어떻게 보내느냐에 따라 이후의 삶은 전혀 다른 모습으로 펼

처질 수 있다. 안타깝고 뜻대로 되지 않는 순간들로 점철될 수도 있고, 삶은 '참으로 아름다운 소풍'이었다고 회상할 수도 있을 것이다. 그 누구도 아닌 진짜 '나'로 살아가는 진정한 독립의 시기, 그 첫발을 내딛는 모든 이들에게 글쓰기가 작은 디딤돌이 되었으면 좋겠다.

Chapter 1
나를 돌아보는 글쓰기

1

내 안의 목소리에
귀를 기울이는 시간

나는 왜 글을 쓰고 싶을까

한때, 새해가 되면 어김없이 세웠던 목표 중 하나가 영어 공부였다. 영어와 관련된 업무를 하는 건 아니지만 영어를 잘 하고 싶었다. 어디든 좀 더 자유롭게 여행을 다니고 싶었고, 외국인 친구와 편안하게 대화하고 싶은 이유도 있었다. 좋아하는 작가의 책을 번역본이 아니라 원서로 읽고 싶은 마음, 세계적인 석학들의 강연을 자막 없이 듣고 싶은 바람도 있었다.

그런 바람을 품고 새벽 강의를 들으러 다니기도 하고, 전화 영어를 등록하기도 했다. 하지만 모든 공부가 하루아침에 완성되지 않듯 내 영어 공부도 진척이 미미했다. 급한 업무와 일상에 공부는 뒤로 밀리기 일쑤였고, 쉽게 늘지 않는 실력과 함께 슬그머니 영어는 내게서 멀어져갔다.

가끔 보는 유튜브 채널에 영어 공부에 관한 흥미로운 영상이 올라왔다. 영상 속 주인공은 유튜버 돌콩이다. 그녀는 한국에서 대학을 졸업한 후 미국으로 유학을 떠났다. 유학 시절 내내 영어 때문에 힘들었다고 한다. 하지만 최근에는 영어로 원하는 주제의 인터뷰를 진행할 정도로 실력도 있다.

직장생활을 하며, 하루 24시간이 부족한 생활에도 시간을 내서 계속 영어 공부를 이어가고 있다. 그 이유에 관해 그녀는 이런 말을 했다.

> "이게 끝이 아니라 이후에 더 큰 내가 또 기다리고 있겠구나, 라는 그 희망을 느낄 때 기분 좋음 같은 게 있는 거 같아요."
>
> - 유튜버 돌콩 -

그녀는 영상에서 자기는 더 잘할 자신이 있다고 말했다. 그래서 앞으로도 영어 공부는 계속할 것이라는 걸 강조했다. 부족한 시간을 쪼개어 외국어를 배우고, 다른 사람이 보기에는 꽤 잘하는 수준이 되었음에도 계속 공부할 수 있는 동력은 무엇일까? 그녀의 말처럼 목표를 이루는 과정은 어딘가에 도달해서 거기에 머무는 'Being'이라기보다는 무엇이 되어가는 'Becoming'의 여정에 가깝다. 아마 많은 사람이 이 말에 동의할 것이다. 하지만 일정 수준에 도달하면 우리는 노력을 덜 하게 된다. 또는 원하는 수준에 이르기도 전에 그만두기도 한다. 그 이유는 어디에 있을까?

사람들이 말하길, 목표 달성을 위해서는 굳건한 의지 못지않게 할 수밖에 없는 환경이 중요하다고 한다. 만약 직장에서 내가 했던 일이 영어와 밀접하게 관련되어 있었다면, 반드시 해야만 하는 상황이었다면, 나는 공부를 지속할 수 있었을까? 잘 모르겠다. 그런 환경에 있다고 해도 모든 사람이 열심히 하는 건 아니다. 어쩌면 환경보다 더 중요한 건 지금보다 더 발전하고 성장할 수 있다는 자신에 대한 믿음과 기대가 아닐까? 내일의 나는 오늘보다 더 나아질 것이라는 믿음, 과연 내가 어디까지 나아갈 수 있을까 하는 설렘 가득한 기대 말이다.

자기에 대한 희망과 긍정적인 기대가 있는 사람은 쉽게 포기하지 않는다. 목표를 향해 나아가는 지난한 과정에서 실패하거나 그만두고 싶은 마음이 들어도 한 번 더 힘을 낼 수 있다. 어떤 일이든, 완벽함에 이르는 길이 분명한 것은 거의 없다. 운동, 악기, 공부 등 우리가 공부하고 노력하는 대부분이 그렇다. 보통 사람들이 보기에는 정말 높은 수준에 있는 사람도 매일매일 연습을 이어가는 이유도 여기에 있을 것이다. 자신만이 알 수 있는 미세한 차이지만 연습할수록 그만큼 더 좋아지는 걸 느끼기 때문은 아닐까? 그는 내일의 나는 오늘보다 더 나아질 것이라는 굳건한 믿음, 더 잘할 수 있다는 기대가 있는 사람이다.

이상적인 완벽함의 경지에 다다를 순 없지만 그럼에도 불구하고 나는 글쓰기만큼은 계속하려고 노력한다. **보이지 않지만, 어딘가 조금씩 좋아지고 있을 것이라는 믿음과 희망, 쓰기를 통해 내일의 내 삶은 오늘보다 더 성장할 것이라는 기대가 있기 때문이다.** 노력하고 연습한 만큼 바로바로 좋아지진 않지만 계속 노력하게 되는 것은 글쓰기를 더 잘하고 싶기 때문이다. 그런 일이 있다는 것은 행복한 일이다. 언젠가는 지금보다 더 아름다운 문장을 쓸 수 있을 것이라는 기대는 나에게 글쓰기에 대해 애쓰고 노력하는 과정을 사랑하게 만들어준다. 또 글쓰기를 지속하게 하는 힘을 준다.

쓰고 싶은 나, 내가 쓰고 싶은 글

전라북도 김제의 작은 시골 마을, 아직 동이 채 트지 않은 새벽녘. 적막한 시골길 한가운데 피아노 한 대가 놓여 있다. 그 앞에 앉아 있는 사람은 일흔이 넘은 세계적인 거장 유키 구라모토다. 천천히 그의 연주가 시작되고, 〈Dawn〉의 아름다운 선율과 함께 멀리 동쪽 하늘이 불그스름하게 물들며, 날이 밝아오기 시작한다. 아름다운 피아노 선율, 청아한 새소리, 천천히 밝아오는 새벽 시골길이 한 편의 시처럼 어우러졌다.

한 유튜브 채널에서 기획한 유키 구라모토의 연주. 그는 이 연주를 위해 일본에서부터 날아와 스태프들과 함께 기꺼이 밤을 꼬박 새웠다. 해가 뜨기 전까지 십오 분여의 시간을 위해 이른 새벽부터 행복한 마음으로 연주를 준비했다. 그리고 어디서도 볼 수 없는 아름다운 연주 장면을 만들어냈다. 오래 일흔넷의 현역 작곡자이자 피아니스트 유키 구라모토. 그는 1999년 이후 해마다 우리나라를 찾아 콘서트를 열고 있다. 서울뿐 아니라 경주, 양산, 의성, 순천 등 관객이 있는 곳이면 어디든 찾아가서 연주한다.

Chapter 1 나를 돌아보는 글쓰기

여러 인터뷰를 통해 그는 내일은 오늘보다 나아질 수 있다고 믿으며, 더 노력하고 싶다고 말해왔다. 여전히 더 좋은 곡을 쓰고 싶고, 더 좋은 연주를 하고 싶어 하는 그는 여든의 나이엔 더 완벽해지길 꿈꾼다. 그래서 오늘도 모차르트, 쇼팽, 라흐마니노프를 연습한다고 한다. 그의 연주는 폭발적이거나 웅장하지 않다. 그를 닮아 잔잔하고 때로는 애틋하고 서정적이다. 연주도, 삶도 자신만의 속도로 나아갈 줄 아는 그의 음악은 그래서 더 여유 있고 편안하다.

자신의 속도로 끝까지 달리는 것은 의미 있고 소중한 일이다. 가끔은 옆 사람의 속도에 마음이 조급해지기도 하고, 화려하고 멋진 성공으로 주목받는 누군가를 보며 주눅 들기도 한다. 미진한 내 성과를 보며 실망스럽기도 하지만 내가 할 수 있는 최고의 방법은 꾸준히 나아가는 것이다.

유키 구라모토는 음악과는 거리가 먼 응용물리학을 전공했다. 그런 그가 지금의 위치에 이를 수 있었던 이유 또한 주어진 상황에 최선을 다하며, 피아노를 놓지 않기 때문이었을 것이다. 글쓰기든, 피아노 연주든 자신이 만들어 가고 싶은 글, 음악의 방향을 놓지 않고 간다면, 언젠가 나도 그 여정의 순간들을 자연스럽게 즐길 수 있게 되지 않을까? 나이에 구애받지 않고, 더 좋은 음악을 하고 싶다는 그는 한 콘텐츠 업체와의 인터뷰에서 이런 말을 했다.

"누구라도 장점이 하나씩 있습니다. 꿈을 위해선 그 장점을 꾸준히 갈고 닦는 게 중요하죠. 내가 할 수 있는 걸, 계속해 보는 겁니다."

- 유키 구라모토, 롱블랙 인터뷰 중에서 -

꿈을 위해 내가 가진 장점을 꾸준히 갈고 닦는 것, 내가 할 수 있는 걸 묵묵히 계속하는 것. 뻔하고 평범하게 들릴 수 있지만 절대 쉽지 않은 일이다. 좋아하는 한 가지를 위해 긴 시간 그것을 놓지 않고 노력하는 사람의 모습은 아름답다. 힘든 상황에도 꿈을 놓지 않고, 자신이 할 수 있는 일을 계속하는 것의 가치를 믿기에 여든엔 지금보다 더 나아질 것이라는 그의 말에 위로와 희망을 얻는다. '화려한 음악보다는 친절한 음악', '편안하고 젠틀한 음악'을 하고 싶다는 그의 말을 들으며, 나는 생각한다. '나는 어떤 삶을 살고 싶은가?', '나는 어떤 글을 쓰고 싶은가?'

글쓰기, 우리 모두의 일

소설가 김영하는 한국예술종합학교 극작과 교수로 학생들을 지도한 적이 있다고 한다. 당시 그는 학생들에게 글을 쓸 때 '짜증 난다.'라는 표현을 쓰지 못하게 했다고 알려져 있다. 한 방송 프로그램에서 그 이유를 이야기했는데, 대강 요약하면 이렇다.

'짜증 난다.'라는 말은 일상에서 쉽게 하는 표현이다. 엄마가 내 생일을 잊어버려 짜증 난다, 화장실에서 볼일을 다 봤는데 휴지가 없어 짜증이 났다 등등. 하지만 '짜증'이라는 말로 다 표현할 수 없는 다채로운 감정이 그 안에 내포되어 있다. 엄마가 내 생일을 잊어버렸다는 상황에는 서운함과 야속함이 들어 있고, 화장실에 휴지가 없는 상황에는 놀람, 당황스러움이 내포되어 있다.

작가 특히, 소설가는 사람들의 감정을 섬세하게 표현하는 직업이다. 보통 사람들은 자신의 감정을 잘 들여다보지 못한다. 하지만 소설을 읽으며, '아, 맞아 나 그때 그랬었지….'하고 자기의 감정을 알아채기도 한다. 글을 읽으며 비로소 내 감정을 마주하는 것이다. 그래서 글(소설)을 쓰려고 한다면, 몇 개의 단어로 뭉뚱그려진 그 감정이 뭔지 표현하려고 노력해야 한다.

매년 자신의 생일이 되면 '생일을 꼭 챙겨야 하나?'라며 무심한 듯 툭 던지던 대학 친구가 있었다. 다른 친구의 생일은 선물도 준비하고 축하해주면서도 정작 본인의 생일은 불편해하고 기분도 좋아 보이지 않았다. 항상 씩씩하고 밝은 친구인데, 왜 그럴까 늘 궁금했다.

한참 뒤 더 친해지고 나서야 이유를 알게 되었다. 오랜 기간 투병 생활을 하셨던 친구의 어머니는 고등학교 2학년 어느 날, 친구의 생일을 하루 앞두고 돌아가셨다고 한다. 친구에게 생일은 축하받을 기쁜 날이라기보다 돌아가신 어머니가 생각나는 슬픈 날이었다. 그래서 해마다 돌아오는 생일이 뭐 특별할 게 있냐며 무덤덤하게 힘든 마음을 표현했던 것이다.

몇 년을 가슴에 묻어두었던 이야기를 우리에게 털어놓으며 친구는 비로소 마음이 조금은 가벼워진 것 같다고 했다. 시간이 좀 더 흐르면 친구는 생일을 조금은 다른 마음으로 바라볼 수 있게 될 것이다. 친구들과 함께하는 기쁜 날, 돌아가신 엄마가 더욱 그리워지는 날, '생일'에 대한 그녀만의 이야기를 쓸 수 있을지도 모른다.

일상에서 우리가 무심코 쓰는 표현에도 여러 감정이 담겨있다. 사람마다 인지하는 느낌의 강도와 생각도 다르다. 그러기에 그 감정을 구체적으로 언어화하려 애쓰다 보면 상황을 좀 더 자세히 들여다보게 된다. 때로는 애써 외면하고 싶었던 감정과 대면하게 될 수도 있다. 하지만, 그럴수록 뭉뚱그려진 단어가 아니라 구체적이고 섬세한 글로 표현하려 애써야 한다. 그 과정을 통해 마음의 상처를 치유 받기도 하고, 힘든 마음을 위로받기도 한다.

사람들은 글을 '작가'라는 특별한 사람들이 쓰는 영역이라 생각한다. 언젠가 나도 글을 한번 써보고 싶긴 하지만 그랬으면 좋겠다는 바람일 뿐이다. 내 글은 그저 정리되지 못한 생각들을 끄적이는 정도지, 다른 사람이 읽을 정도는 아니라 체념한다.

자신을 표현하는 일과 멀어질수록 자기다움과 멀어지며, 자기만의 언어와도 멀어진다. 모든 경험은 개별적이다. 사람이 모두 다르듯 세상에 똑같은 상황과 경험은 없으며, 그것을 표현하는 언어 역시 다르다. 서투르고 투박해도 나만이 표현할 수 있는 내 이야기와 언어가 있다.

어쩌면 인생의 중반에 필요한 것은 적당한 타협, 그럴듯한 위로가 아니라 자신의 감정을 객관적으로 돌아보는 시간일지도 모른다. 정직하게 자기 내면을 들여다보고 자신의 언어로 표현할 때, 우리 앞에 주어진 삶 앞에 당당하고 독립적으로 설 수 있다. 그때야 비로소 그 누구도 아닌 내가 되어, 오롯이 내 삶을 살 수 있다. 그러므로 글쓰기는 '작가'만의 일이 아니다. **소중한 내 이야기의 주인인 우리 모두가 탐구하고 실천해야 할 자기발견의 여정이다.**

할아버지는 커서 뭐가 되고 싶어?

고(故) 이외수 님의 책에서 이런 글을 읽었던 기억이 있다.

세 살짜리 꼬마가 낭랑한 목소리로 내게 물었다.
"하야버지는 커서 뭐가 될 꼬에요."

고사리 같은 손으로 할아버지의 손을 잡고 걸으며, 세 살짜리 손자는 생각했을 것이다. '나는 커서 경찰관도 되고 싶고, 소방관도 되고 싶다. 어제 병원에서 만난 의사 선생님을 생각하니, 아픈 사람을 치료해주는 일도 멋질 것 같다. 나는 하고 싶은 것도 많고, 궁금한 것도 많아 아직 뭘 해야 할지 잘 모르겠다. 내가 하는 건 다 예뻐하시고, 나랑 제일 친한 할아버지는 커서 뭐가 되고 싶을까?'

지금보다 훨씬 젊었던 어느 날, 우연히 이 글을 읽으며 씁쓸하게 웃었던 기억이 있다. 할아버지에게 남은 건 여생을 편안하게 보낼 일뿐이라 생각했기 때문이었을까? '꿈'이라는 건 파릇파릇한 젊은이에게나 어울리는 단어라 단정 지었기 때문이었는지도 모르겠다. 그러나 생각해 보면 할아버지에게도 꿈이 있고, 살고 싶은 인생이 있을 것이다.

보통 육칠십 대의 나이면 할아버지, 할머니가 될 가능성이 높다. 평균 수명이 짧던 시절에는 손자들의 재롱을 보며 가족들의 보살핌 속에 노후를 보내는 것이 일반적이었다. 지금은 다르다. 공부를 시작하든, 취미 생활을 하든 새로운 삶을 얼마든지 기획하고 실행할 수 있는 충분한 시간이 있다. 꿈이라는 건 나와 관계없다고 생각하며 살기에는 남은 시간이 너무 길고 아깝다.

고(故) 박완서 작가는 1970년, 마흔의 나이에 〈여성동아〉 장편 소설 공모에 『나목(裸木)』이 당선되면서 본격적으로 글을 쓰기 시작했다. 당선 전에는 공적으로 글을 써본 경험이 전혀 없는 주부였기에, 당시 문단의 평가는 호의적이지만은 않았다고 한다. 따뜻하지 못한 문단 평가와 시부모 봉양, 다섯 명의 자녀를 키우는 고된 환경에도 불구하고 작가 박완서는 쓰기를 포기하지 않았다. 시부모의 병시중을 들며, 번듯한 서재는 고사하고 개인 공간이라고는 없는 열악한 환경에서도 꿋꿋이 자신의 글을 써 내려갔다. 그렇게 『엄마의 말뚝』, 『그 많던 싱아는 누가 다 먹었을까』, 『그해 겨울은 따뜻했네』, 『그 남자네 집』 등 많은 역작을 남겼다.

『약간의 거리를 둔다』, 『황홀한 사람』, 『니체의 숲으로 가다』 등 이백여 권이 넘는 책을 번역한 김욱 작가. 그는 팔십오 세의 나이에 번역가로서의 생존 분투기를 『취미로 직업을 삼다』라는 책으로 펴내기도 했다. 이백 권이 넘는 책을 번역했지만, 그가 본격적으로 번역을 시작한 나이는 일흔이었다. 신문 기자로 삼십여 년간 일한 그는 은퇴 후에는 좋아하는 책도 읽고 자신의 책을 쓰며 살고 싶다는 꿈이 있었다. 하지만 일흔을 앞둔 나이에 전 재산을 날리고 어려운 시간을 보내게 되었다. 살 곳마저 없어진 상황에도 포기하지 않고 자신의 삶을 지켜내겠다는 결심으로 번역에 매진했다. 십 년 남짓의 시간 동안 이백여 권이 넘는 책을 번역하며, 작가로서의 삶을 살았다.

무엇을 하기에 너무 늦은 나이는 없다. 하지만 오랫동안 하고 싶은 일보다 해야 하는 일을 먼저 생각하고, 개인보다 조직을 자신보다 가족을 우선하며 성실하게 살아온 사람일수록 새로운 도전은 어렵다. 오롯이 자신에게만 집중해 본 경험과 시간이 부족하기 때문이다.

융 심리학을 연구하는 정신분석학자 제임스 홀리스(James Hollis)는 누구나 생의 중반이 되면 온전히 자신에게 집중하는 시간이 필요하다고 강조했다. 삶의 의미를 물으며 진실한 자신과 대면해야 한다. 그때 비로소 온전한 독립이 이루어지며, 인생 후반기를 충만하게 보낼 수 있다는 것이다. 숨 가쁘게 달려온 시간을 지나 사오십 대가 된 지금, 젊었을 때와 달라진 점이 있다면 살아온 시간만큼의 연륜이 쌓였다는 것이다. 그 경험을 통해 내가 배운 것은 무엇인지, 무엇을 하고 싶은지, 어떤 존재가 되고자 하는지 치열하게 고민하며 스스로 물어야 한다.

'○○○, 너는 커서 뭐가 되고 싶어?'

오십에 듣는 노래, 말하는 대로

말하는 대로 말하는 대로

될 수 있다곤 믿지 않았지

〈말하는 대로〉 노래의 일부다. 이 곡은 2011년 〈무한도전: 서해안 고속도로 가요제〉에서 유재석과 가수 이적이 '처진 달팽이'라는 팀으로 함께 부른 노래다. 지금은 전 국민이 다 아는 방송인이지만 오랜 무명 시절을 거쳐왔던 이십 대 유재석의 이야기를 가사에 그대로 담았다고 한다.

살다 보면 누구에게나 한두 번쯤 확실한 건 아무것도 없고, 제대로 되는 일도 없는 불안하고 힘든 시기가 찾아온다. 벗어나고 싶지만 마음대로 되지 않을 때, 앞으로 열심히 달려 보지만 언제나 제자리걸음인 것 같을 때, 우리는 방황하고 힘들어한다. 원하는 대로 잘 사는 것처럼 보이는 타인들을 보며, 말하는 대로, 생각대로 되는 인생은 내게만 없는 것 같아 좌절하기도 한다. 하지만 그 좌절 속에도 우리는 자신을 다시 일으켜 세우려 애쓰고, 언젠가 말하는 대로, 생각한 대로 살게 될 삶을 꿈꾼다.

몇 달 전 작은 북 콘서트에서 오랜만에 이 노래를 들은 후, 돌아오는 차 안에서 내내 같은 노래를 들었다. 오십이 넘은 나이에도 이 노래가 유난히 가슴에 사무치는 이유는 뭘까? 이십 년이 훌쩍 넘는 시간 동안 쉼 없이 달려온 직장생활. 밤잠을 아껴가며 일한 적은 있으나 좋아하고 원하는 것을 찾아 미친 듯 달려든 적은 없었다는 자각. '나는 정말 일만 하며 살았구나.'라는 생각. '앞으로 어떻게 살아야 할까?', '내가 원하는 삶은 어떤 모습인가?'라는 묵직한 질문들이 연이어 올라왔다.

인생에서 오십은 어떤 의미일까? 평균 수명이 길어지면서 오십의 의미도 달라지고 있다. 서서히 일선에서 물러날 준비를 하며 다음 삶에 대해 생각하는 시기다. 물리적으로도 사회적으로도 인생의 반환점을 맞이하는 시기다. 그러니 어쩌면 남은 삶을 재정비하기 위해 가장 적절한 나이일지도 모른다. 지금까지 해왔던 일을 계속할 수도 있다.

하지만, 그동안 나보다는 가족, 개인보다는 조직을 위해 책임과 의무를 다했다면, 이제부터는 하고 싶었던 일이나 꿈꿔왔던 삶을 위해 새로운 일에 도전해 볼 수도 있다. 일은 가족을 부양하고 삶을 건사하는 중요한 수단이기도 하지만 도전과 성장의 기회이기도 하다. **주어진 환경에서 열심히 일하는 성실함도 중요하지만 내 마음속에서 들려오는 이야기에 귀 기울이는 용기도 필요하다.**

나는 어떤 모습으로 살고 싶은가? 어떤 사람으로 기억되고 싶은가? 자신의 삶을 어떤 모습으로 마무리하고 싶은가? 이미 너무 늦은 건 아닐까, 내가 할 수 있을까를 의심하고, 현실에서는 불가능한 이야기라 생각하며 체념하는 사람도 있을 것이다.

2024년 여든의 나이로 미스 유니버스 코리아에 도전해 유명했던 모델 최순화 씨는 1943년생이다. 비록 세계무대 진출은 실패했지만, 젊은 도전자들과 당당히 겨뤄 베스트 드레서 상을 수상했다. 그녀가 모델 일을 시작한 나이는 일흔이 넘었을 때였다. 병원 간병인으로 일하던 그는 한 환자의 권유를 통해 모델 일을 시작하게 되었다고 한다. '이미 늦었다.'라는 마음으로 포기하려 했지만, 실버 모델이 있다는 사실에 용기를 냈다. 낮에는 간병 일을 하고, 틈틈이 모델 학원에 다니며 병원 복도를 워킹 연습장 삼아 걸었다. 그렇게 일흔넷의 나이에 서울 패션위크 런웨이에서 모델로 데뷔할 수 있었다. 늦은 나이에 직업적인 전환이나 새로운 분야에 도전하는 것은 결코 쉬운 일은 아닐 것이다. 그래도 '그때 해볼걸⋯.' 후회하기보다 작은 도전이라도 시도해 보는 것이 더 좋은 선택이 아닐까?

내게는 그 일이 글쓰기다. 잘 쓰고 싶고, 좋은 글을 쓰고 싶다는 것은 오랜 내 바람이다. 앞이 잘 보이지 않을 때 누구에게도 털어놓을 수 없던 이야기들은 일기장 속에서 위로가 되어 주었다. 생각이 막힐 때는 플래너에 두서없이 이런저런 글들을 적으며 생각을 정리하고, 말로 다 할 수 없는 마음은 손으로 꾹꾹 눌러쓴 편지로 누군가에게 전하기도 했다. 물론 아직은 잘 쓰지도 못하고, 어쩌면 앞으로도 실력이 월등히 나아지지 않을지도 모른다. 앞으로 글쓰기가 내 인생에 어떤 의미로 남을지 알 수는 없다. 하지만 삶의 모든 순간 쉼표가 되고, 느낌표가 되어 줄 글쓰기를 이어가고 싶다.

2

부지런히 쓰며
나를 사랑하는 일

삶이 막막할 때는 운동화를 신자

해야 할 일은 산더미처럼 쌓여 있고, 집도 엉망이지만 아무것도 하고 싶지 않다. 몸은 천근만근 무겁고, 기력이 딸려 일어날 힘이 없다. 하루 종일 늘어져 혼자 무의미한 유튜브나 TV만 보고 있다. 이대로는 안 될 것 같은 불안함과 초조함에 뭔가를 해보려 하지만 좀처럼 의욕이 생기지 않는다. 항상 피곤하고 집중력도 떨어지는 것 같다.

'하고 싶으나 에너지가 바닥나 아무것도 하지 못하는 상태', '자신에게 무슨 일이 일어나든 스스로의 힘으로 처지를 바꿀 수 없는 상황', 이를 심리학적 용어로 무기력이라 한다. 체력 저하, 질병, 스트레스, 미래에 대한 불안, 통제할 수 없는 상황 등 무기력의 원인은 다양하다. 인생을 살다 보면 누구나 한두 번쯤 무기력과 마주하게 된다.

특히 중년의 나이에는 노화, 호르몬 변화, 사회적 환경 변화 등으로 무기력의 늪에 빠지기 쉽다. 무기력한 상태로 오랫동안 있게 되면 심리·정서적으로 불안해지고 고립되기 쉬우며, 의욕이 점점 사라진다. 쉬어도 계속 피곤하고, 만사가 귀찮고 우울하다면, 건강한 자신을 위해 자신의 상태를 적극적으로 살펴볼 필요가 있다.

정신의학자이자 철학자인 빅터 프랭클(Viktor Emil Frankl)은 2차 세계대전 당시 유대인이라는 이유로 죽음의 수용소로 끌려가야 했다. 가족과 동료가 눈앞에서 죽어가고 자신 또한 언제 죽을지 알 수 없는 절망스러운 상황 속에서도 그는 살아남았다. 악명 높은 네 곳의 수용소를 거치면서 그는 살아야 할 의미와 미래에 대한 희망을 놓지 않는 사람은 꿋꿋이 생존함을 목격했다.

이후 그는 자신의 경험을 바탕으로 로고테라피(Logotherapy)를 창시하였다. 로고테라피란 '의미'를 뜻하는 그리스어 '로고스'와 '치료'를 뜻하는 '테라피'가 합쳐진 단어다. 프랭클은 인간은 근본적으로 의미를 추구하는 존재이며, 어떤 어려운 상황에 처할지라도 살아갈 의미와 이유를 발견할 수 있다고 말한다. 그는 저서『죽음의 수용소에서』에서 인간에게서 모든 걸 빼앗아 갈 수 있어도 '주어진 환경에서 자신의 태도를 결정하고, 자기 자신의 길을 선택할 수 있는 자유만은 빼앗아 갈 수 없다.'라는 강력한 메시지를 전하기도 했다.

무의미, 무기력이라는 수렁에서 벗어나 지치지 않고 살아남으려면 일단 무기력에서 벗어날 수 있다는 희망을 품어야 한다. 내 삶의 의미, 인생에서 꼭 이루고 싶은 목표, 고통과 시련, 실패의 경험이 주는 의미에 대해 성찰할 수 있어야 한다. 혹독하고 절망적인 상황에서조차도 인간에게는 자신의 길을 선택할 수 있는 자유가 있다.

같은 부서에서 십 년 가까이 일하고 있던 때였다. 직장에서의 연차가 쌓이고 일이 익숙해져도 중요한 미팅 앞에서는 늘 불안했고, 더 많은 업무와 책임이 쏟아지는 회사 생활에 지쳐가고 있었다. 퇴근하고 나면 언제나 그대로 침대로 직행해 꼼짝하지 않고 누워있고만 싶었다. 의욕도 없고, 힘도 없었다. 그날도 여느 날과 다르지 않았다. 움직이고 싶어 하지 않는 마음을 겨우 다독여 운동화를 신고 밖으로 나갔다. '십 분만 걷고 들어가자.'라는 마음으로 천천히 집 근처 공원을 걸었다.

호수를 중심으로 만들어진 산책길의 맞은편에서 한 남자가 걸어오고 있었다. 얼굴에서는 땀이 뚝뚝 떨어지고 있었고, 땀으로 젖은 얇은 티셔츠는 불룩 나온 배에 달라붙어 있었다. 가쁘게 숨을 몰아쉴 때마다 나온 배가 더욱 도드라져 보였다. 하지만 그는 당당하게 배를 내민 채 걸어오고 있었다. 그의 얼굴에는 오늘도 뭔가를 해냈다는 뿌듯함과 자부심이 가득했다. 떨어지는 땀방울과 함께 하루하루 자신을 변화시켜 가고 있다는 당당함이 보였다.

그날 이후, 매일 저녁 어김없이 걷기 시작했다. 그리고 그날의 생각과 마음을 글로 쓰며 돌아보았다. 때로는 빠르게, 때로는 느린 걸음으로 걸으며 생각을 정리했다. 커다란 각성이나 대단한 깨달음은 아니어도, 걷다 보면 답답하고 초조하던 마음의 덩어리가 조금씩 풀려나가는 느낌이었다. 때때로 느껴지는 불안, 아무것도 하고 싶지 않은 마음, 그 한편에는 성장하고 싶고 달라지고 싶은 마음이 숨어있음을 바라보았다.

긴 일기를 쓰며 현재 상황과 마음을 조금은 객관적으로 바라보기도 했다. 업무를 시작할 때 느끼는 부담은 여전했지만, '잘해야 한다.'라는 강박 대신 '포기하지 않고 끝까지 한다.'라는 다짐으로 책상 앞에 앉을 수 있었다. 체력이 좋아지고 하루의 밀도가 높아질수록 그토록 무겁게 느껴지던 무기력의 무게는 점점 가벼워졌다.

사람마다 상황은 다르고 정도의 차이는 있을 것이다. 하지만 의욕이 떨어지고, 우울하다면 일단 규칙적으로 몸을 움직여보자. 걷고 움직이면서 그때그때 들었던 생각이나 느낌을 편안하게 적어보라 권하고 싶다. 지난 일에 대한 후회, 내일에 대한 걱정으로 아무것도 하지 못한 채 시간을 보내는 대신 하루하루에 충실할 힘이 생긴다. 당장의 상황을 드라마틱하게 바꾸기는 어려울지도 모른다. 하지만 **걷고 움직이다 보면 그 상황을 바라보는 내 마음과 태도는 얼마든지 달라질 수 있다.**

쓸수록 분명해진다

새 옷을 자랑하는 친구의 사진이 단체 대화방에 떴다. "이거 어때?" 망설일 틈 없이 나는 얼른 대답한다. "괜찮네."

며칠째 이어지는 야근으로 목도 뻣뻣하고 어깨도 돌덩이처럼 굳었다. 걱정스러운 듯 후배가 말을 건넨다. "많이 피곤하시죠? 쉬면서 하세요." 나는 또 얼른 익숙한 대답을 한다. "응 괜찮아, 고마워요."

새로 산 옷이 잘 어울리는지, 처음 가본 식당의 음식 맛은 어땠는지, 일상을 묻는 소소한 질문에 내가 자주 하는 대답은 '괜찮다.'이다. 국어사전에 '괜찮다'를 찾아보면 '1. 별로 나쁘지 않고 평균 이상이다. 2. 탈이나 문제, 걱정이 되거나 꺼릴 것이 없다.'라는 뜻의 형용사로 정의되어 있다. 지인들의 물음에 대한 내 답은 상황에 맞지 않는 엉뚱한 반응은 아니다.

하지만 좀 더 친절하게 표현하자면 첫 번째 '괜찮네.'라는 말은 '옷 새로 샀구나, 색상도 디자인도 너랑 너무 잘 어울려.'가 될 것이고, 두 번째는 '좀 피곤하지만 견딜만해, 걱정해줘서 고마워.' 정도가 될 것이다. '좋다', '괜찮다', '재미있다'와 같이 자주 우리가 사용하는 표현은 멀리서 보면 대체로 비슷하다. 특별한 것도 없지만 부족하지도 않은 무난한 답변이다. 하지만 가까이서 자세히 들여다보면 '좋다', '괜찮다'라는 말 뒤에 숨은 뜻과 마음도 조금씩 다름을 알 수 있다.

글을 쓴다는 건 멀리서 대강 훑어보는 것이 아니다. 돋보기를 들고 사물을 들여다보듯 가까이서 자세히 살피는 일이다. 한 마디로 표현하기 힘든 복잡하고 모호한 감정도 글로 쓰면 분명해진다. 우리의 생각과 느낌은 단순하지 않다. 때로는 묵직하고 때로는 섬세하고 부드럽다.

'괜찮다.', '좋다.'라는 말밖에 생각나지 않을 때는 떠오르는 생각들을 글로 써보자. '괜찮아'라는 한마디 말에도 고마움, 아쉬움, 다음에 대한 기대까지 다양한 감정들이 내포되어 있음을 알게 된다. 미처 표현되지 못한 마음을 알아차림으로써 우리는 자신과 타인을 더 따뜻하게 배려할 수 있다. 그리고 무엇보다 자기에게 더 가까이 다가갈 수 있고, 자신의 생각을 구체적으로 표현할 수 있다.

마라톤 경기에서 중요한 요소 중 하나는 속도다. 앞서가는 사람을 따라가려 자칫 무리를 하면 중간에 지치거나 포기하게 될 수도 있다. 끝까지 완주하려면 자기만의 속도와 호흡을 잘 조절해야 한다. 그래서 마라톤에는 내 속도와 흐름을 유지할 수 있도록 함께 뛰어주는 페이스메이커가 있다. 인생이라는 마라톤에서는 누가(혹은 무엇이) 페이스메이커가 될 수 있을까? 나는 감히 글쓰기라면 충분히 그 역할을 할 수 있다고 생각한다. 글을 쓰며 끓어오르는 흥분을 가라앉히기도 하고, 때로는 뜨뜻미지근한 감정의 온도를 확인하기도 한다. 꾸물거리며 자꾸 피하고 싶은 감정을 객관적으로 보기도 하고, 힘들고 지친 날엔 글이 위로가 되어줄 때도 있다. **쓸수록 나는 선명해지며, 더 나다운 삶을 살 수 있다.**

세상을 향한 부지런한 사랑

나는 동물을 그다지 좋아하지 않는다. 어쩌면 무서워한다는 표현이 좀 더 정확할 수도 있겠다. 길을 걷다 낯선 강아지와 마주치기라도 하면 발걸음이 빨라지거나 황급히 자리를 피하곤 했다. 당연히 반려동물에도 관심이 거의 없다. 주변 사람들이 자신의 반려 고양이나 강아지 사진을 내밀어도 주의 깊게 보지 않는다. 대강 보며 '귀엽네요.'라고 영혼 없는 응대를 하곤 했다.

그런 내게 곤란한 상황이 생겼다. 일 때문에 다른 지역을 방문하면서 고양이가 있는 집에 잠깐 머물게 된 것이었다. 뜻하지 않게 고양이와의 동거가 시작되었다. 한동안은 고양이와 적절한 거리를 두고 가급적 마주치지 않으려 노력했다. 집에 머무르는 시간이 길지 않았기 때문에 고양이의 존재를 크게 의식하지 않고 잘 지낼 수 있었다.

여유로운 어느 휴일 아침, 모처럼 느긋하게 거실 소파에 앉아 커피를 마시고 있었다. 그때, 내가 앉아 있던 소파 앞으로 고양이가 유유히 걸어왔

Chapter 1 나를 돌아보는 글쓰기

다. 고양이를 그렇게 가까이서 보는 것이 처음이라 숨죽이고 가만히 앉아 있었다. 긴 다리를 쭉 뻗으며 조용한 걸음걸이로 거실로 나온 고양이는 이 내 다리를 쭉 뻗고 기지개를 켜는듯하더니 금방 등을 동그랗게 말았다.

문득 요가수업에서 배운 자세가 생각이 났다. '아 그래서 그 자세 이름이 고양이 자세였구나!' 요가 자세 중 척추를 동그랗게 마는 고양이 자세라는 것이 있다. 오랫동안 요가를 배우면서도 나는 왜 그 자세를 왜 고양이 자세라고 하는지 미처 알지 못했다. '배에 힘을 주면서 등과 허리를 동그랗게 만들라'는 요가 강사의 말이 그제야 명확하게 와 닿았다.

그날부터 조금씩 고양이의 움직임을 주의 깊게 보았다. 휴지를 뜯고 노는 모습을 보면, 자기네 고양이가 휴지를 다 망쳐놓았다며, 사진을 보여주던 지인이 떠올랐다. 햇빛 잘 드는 캣 타워에서 잠든 모습을 보면, 행복한 표정으로 캣 타워를 고르던 다른 지인이 스쳐 지나가기도 했다. 고양이의 습성이 조금씩 보이면서 눈치를 살피며 다가오는 모습, 새벽에 일어나면 어느새 침대 근처에 와서 '야옹' 조용히 소리를 내는 모습 등 귀여운 구석들이 보이기 시작했다.

누군가의 고양이는 세상에 단 하나밖에 없는 특별한 존재다. 나 같은 사람에겐 '그 고양이가 그 고양이'처럼 생겼지만, 고양이의 주인은 아마 다를 것이다. 비슷비슷하게 생긴 고양이 중에도 소중한 '내 고양이'를 단박에 알아볼 것이다. 정해진 일정을 마치고 나는 다시 고양이가 없는 내 집으로 돌아왔다. 여전히 고양이나 강아지를 좋아한다고 말할 수는 없다. 하지만 이제는 누군가 고양이 사진을 보여주면 함께 지냈던 고양이 '나무(내가 잠시 동거했던 고양이의 이름은 나무였다)'가 자연스럽게 떠오른다. 이전과는 달리 사진을 자세히 들여다보며 "정말 예쁘네요."라고 이야기할 수 있다.

소설, 수필, 서평 등 다양한 글을 쓰며 출판사를 운영 중이기도 한 이슬아 작가는 한 강연에서 '글쓰기는 부지런한 사랑'이라는 말을 한 적이 있다. 언제든 능숙하게 글을 잘 쓸 것 같은 그녀도 빈 종이 앞에서 늘 막막함을 느낀다고 한다. 그런데도 그녀는 글쓰기를 놓지 않는다. 그것은 마음을 부지런하게 만드는 글쓰기의 속성 때문이라고 했다. 마음에 게으름이 들어서면 우리는 세상을 자세히 보려 하지 않는다. 대충 훑어보고, 성급하게 판단하며 함부로 단정 짓기도 한다.

하지만 글을 쓰면 달라진다. 생각 없이 지나치던 것들도 유심히 살피게 되고, 마음을 담아 자세히 보게 된다. 프랑스의 작가 앙드레 지드는 자두를 보고도 감동할 수 있는 것이 작가의 재능이라 하지 않았던가. 여름이면 흔히 볼 수 있는 자두가 새삼스럽게 새롭고 신기한 것은 없다.

하지만 마음을 담고, 애정의 눈으로 자두를 꼼꼼히 들여다보면 달라진다. 위, 아래 모양을 살피고, 향기를 맡고, 색깔을 자세히 들여다보면 연둣빛이 살짝 보이기도 하고, 자줏빛부터 주황에 가까운 붉은 색까지 여러 색이 어우러져 있음을 알 수 있다. 비슷하게 보여도 세상의 자두가 모두 똑같이 생긴 건 아님도 알 수 있다. 어느 여름 내게로 온 자두는 세상에 둘도 없는 특별한 자두가 된다.

경험이 풍부한 사람이 글을 잘 쓰는 것이 아니라 관찰력이 뛰어난 사람이 잘 쓴다는 이야기를 들은 적이 있다. 매일 반복되는 일상에서도 미묘한 변화를 감지하고 이웃의 마음을 헤아릴 줄 아는 사람에게는 늘 이야기가 존재한다. 그의 시선은 자기 안에만 머무는 것이 아니라 타인과 세상으로 확장되었기 때문일 것이다. 빈 종이 앞에 '무엇을 쓸까?' 나 역시 자주 고민한다. '내 경험이 너무 부족한가? 내 생활이 너무 단조로운가?' 생각하기도 한다.

하지만 이제는 빈 종이만 노려보며 앉아 있다고 좋은 글을 쓸 수 있는 건 아님을 알아가고 있다. 책상 위에 놓여 있는 노란 연필을 이리저리 꼼꼼히 살펴보기도 하고 손으로 만지며 질감을 느껴본다. 산책길에 마주치는 '강아지'를 웃으며 바라보기도 한다. 새순이 막 돋는 벚나무를 반갑고 행복한 마음으로 자세히 들여다본다. 벚꽃이 한창일 때는 그저 그 순간을 즐기기도 한다. 여전히 나의 글쓰기는 부족하지만, 타인의 삶에 귀 기울이고, 헤아릴 줄 알며, 묵묵히 글쓰기를 이어가고 싶다. 쓰는 삶을 통해 나와 타인, 그리고 세상을 더욱 부지런히 사랑하고 싶다.

좋아하는 일, 나를 더 이해하는 일

문학평론가 신형철 님의 책을 읽다 뜻밖의 사실을 알게 되었다. 그가 작곡가이자 음악 프로듀서인 윤상의 덕후[1]였다는 사실이다. 그는 중학교 일학년 어느 날, 〈김현식 4집〉에서 윤상이 작곡한 어떤 노래를 들은 이후로 삼십 년 넘게 '윤상 덕후'로 살아왔다고 한다. 그리고 자신이 글쓰기에 대해 알고 있는 가장 중요한 어떤 부분들은 윤상의 음악에서 배웠다고 이야기했다. 신형철 작가는 '덕질[2]'에 대해 '우리로 하여금 어떤 탁월함을 갖게 하는 변화'라고 표현했다.

그는 '덕질'을 일생에서 경험하기 힘든 '드문' 일이라 표현하며, 매우 긍정적인 일로 바라보고 있다. 그것은 '덕통[3]'이라는 행운과도 같은 사건이 우리로 하여금 '어떤 탁월함을 갖게 하는 변화'를 일으키기 때문으로 해석한다. 신형철 작가는 글을 쓰는 일이 하나의 음악을 작곡하는 일과 다르지 않다고

---

1 덕후: 어떤 한 가지를 무척이나 좋아하여 깊이 파고드는 사람을 뜻하는 신조어.
2 덕질: 어떤 한 가지를 무척이나 좋아하여 깊이 파고드는 행위를 뜻하는 신조어.
3 덕통: 덕질을 시작하게 되는 계기를 뜻하는 신조어.

말한다. 그가 가치 있는 글의 인식을 찾듯 윤상은 신중하게 음악적 주제를 고른다. 글에서 정확한 문장을 집요하게 찾듯 윤상은 끈질기게 사운드에 집착한다. 구조적 완결성이 뛰어난 글처럼 윤상의 음악은 최상의 방식으로 조합돼 있다. 그는 그런 윤상을 닮고 싶었다고 한다. 그리고 윤상을 닮고 싶어 하는 자신이 자기가 가장 덜 싫어하는 '나'들 중 하나라고 고백한다.

학창 시절, 내 주변에도 몇몇 덕후 친구들이 있었다. 그중 한 친구는 온갖 종류의 지도를 모으며 나라 이름, 지리적 위치, 문화적 특징을 줄줄 외우던 '지도 덕후'였다. 학년이 바뀌어 새 교과서를 받을 때면 사회 교과서와 함께 『사회과 부도』라는 두껍고 무거운 책을 받곤 했었다. 일 년에 한두 번 볼까 말까 한 무거운 책을 그 친구는 늘 가지고 다녔다. 자투리 시간이 생기면 재미있는 소설책을 읽듯 자주 들여다보곤 했었다.

그런가 하면, 처음 들어본 영화 제목과 대사를 외우며, 온갖 영화를 즐겨 보던 '영화 덕후' 친구도 있었다. '빠빰, 빠빠빰빰~~ 빰~~~' 익숙한 시그널 음악과 함께 '주말의 명화'가 시작될 시간이면 나는 잠자리에 들곤 했다. 그런 나와 달리 영화를 좋아하던 친구는 늦은 밤임에도 주말의 명화를 꼬박꼬박 챙겨보는 열혈 시청자였으며, 낯선 외국 배우들의 이름을 꿰고 있었다. 지도를 좋아하던 친구는 지리 과목에서 언제나 뛰어난 성취를 보여주었다. 영화를 좋아하던 친구는 학년이 바뀌어 만났을 때, 영화만 꿰고 있는 게 아니라 유창한 발음과 뛰어난 영어 실력으로 나를 놀라게 했다.

돌이켜 생각해 보면 그 친구들은 덕질을 통해 '탁월함을 갖게 하는' 어떤 변화를 만들어냈다. 지금까지 살면서 나는 불현듯 무언가에 마음을 빼앗겨 덕후의 삶을 살아본 경험도 없고, 누군가를 열렬히 좋아하며, 온 마음으로 닮으려 애써본 기억도 없다. 그저 막연하게 누군가를 좋아하거나 어떤 것에 흥미를 느낀 경험은 있다. 하지만 신형철 작가나 학창 시절의 덕후 친구들처럼 탁월함으로 가는 불가역적인 변화를 만들지는 못했다.

무언가에 몰입하거나 누군가를 열렬히 사랑하는 일은 어찌 보면 자신을 깊이 이해하고 사랑하는 일이 아닐까? 무언가에 심취하게 되면 우리는 그런 자신을 자꾸 돌아보게 된다. 마음이 끌리는 이유를 고민하기도 하고, 그를 닮으려 애쓰고 노력하는 자신을 자랑스러워하기도 한다. 덕질은 더 나은 사람이 되고 싶다는 욕구이자 좋아하는 무엇(누군가)을 통해 자신을 더 깊이 사랑하는 적극적인 행위다.

글을 쓰는 일도 다르지 않을 것이다. 글을 쓰며 우리는 자신을 자꾸 들여다보게 되고, 자신을 더 잘 이해하게 된다. **좋은 글을 쓰고 싶다는 것은 좋은 삶을 살고 싶다는 의지이며 지금보다 더 나은 사람이 되고 싶다는 간절한 바람이다.** 누군가의 한 문장에 마음을 빼겨 허둥댈 수도 있고, 며칠째 단어 하나, 조사 하나 때문에 한 줄도 나아가지 못한 채 제자리를 맴돌 때도 있다. 하지만, 그것이 무엇이든 한 번쯤 그것을 깊이 파고들어 볼 일이다. 사소해 보이는 조사 하나에도, 한 줄의 문장에도 기어이 탁월함의 변화를 만들고자 애쓰는 자신을, 더 좋은 글을 쓰고자 노력하는 자기를 더 좋아하고 뿌듯해하지 않을까? 어쩌면 그것 또한 우리가 글을 쓰는 중요한 의미일지도 모른다.

(3)

잊고 있던
나를 찾는 질문들

새벽 다섯 시의 나에게

　새벽 다섯 시, 익숙한 알람 소리가 새벽 공기를 가른다. 손을 뻗어 알람을 끄고도 그대로 누워있다. 졸리긴 하지만 일어나지 못할 정도로 피곤하지는 않다. 하지만 나는 그냥 따뜻한 이불 밑에서 뭉그적거린다. 아침 일찍 일어나야 할 이유가 희미해지고, 새벽 기상이 무의미해진 탓이다.

　기상 알람이 울리면 보통 바로 일어나 이부자리를 정리한다. 겨울에는 잠옷 위에 후드티를 하나 더 입고 양말도 신는다. 따뜻한 물 한 잔을 마시고 원두를 갈며 커피 내릴 준비를 한다. 방안 가득 퍼진 커피 향과 함께 뜨거운 커피를 천천히 한 모금 마신 후, 다이어리를 펼쳐 하루를 시작한다.

　아침에 내가 가장 집중하는 루틴은 책 읽기와 글쓰기다. 매일 한두 페이지라도 읽고, 한두 줄이라도 꾸준하게 쓰려고 노력한다. 하지만 생각보다 글은 잘 써지지 않고, 어떤 날은 빈 화면을 바라보며 식어가는 커피만 홀짝인다. 감성 돋는 촉촉한 글, 유쾌하고 재미있는 글을 쓰고 싶은데 설명문 같은 내 글을 보며 좌절한다. 세상에 좋은 책은 많고, 그런 책들 앞에 금방 기가 죽는다. 나는 지금 뭘 하는 건가, 하는 자괴감이 들며 글 쓰는 일이 무의미하게 느껴진다. 특별한 경험도, 유려한 글솜씨도 부족하다는 생각과 함께 글쓰기가 막막해지며 아침에 일어나는 일이 힘들어졌다.

내가 새벽에 일어났던 원래의 이유는 무엇이었던가? 숨 가쁘게 돌아가던 '월화수목금금금'의 직장생활 속에 모든 일상은 일을 중심으로 굴러갔다. 야근도 모자라 주말에도 일을 해야 했지만 바쁜 만큼 일이 주는 성취감과 보람도 컸다. 연차가 쌓이고, 책임져야 할 것이 많아질수록 해야 할 일은 늘어났지만 능력을 인정받고, 역량이 커지는 것 같아 행복하기도 했다.

하지만, 시간이 지날수록 조금씩 지치기 시작했다. 반복되는 상황에 갇힌 답답하고 막막한 기분으로 꾸역꾸역 일하는 나를 발견하곤 했다. 계절이 바뀌는 것도 모른 채 몇 달째 야근을 이어가던 어느 날이었다. 늦은 점심을 먹기 위해 근처 식당에 들어갔다. 김밥 하나를 집어삼키는데, 문득 창밖으로 파릇파릇 새순이 올라오는 나무가 눈에 들어왔다. 봄이 오고 있었다. 갑자기 목이 멨다.

'아, 내가 그동안 너무 일만 하고 살았구나!'

회사 일은 계획대로 진행되고 목표 달성을 하고 있지만, 나는 점점 빈껍데기가 되어가고 있다는 생각에 울컥해졌다. 새로운 돌파구가 필요했고, 숨 쉴 구멍이 필요했다. 직장 일 외에는 아는 것도 없고, 직장 동료 외에는 만나는 사람도 거의 없었다. 세상 속에 살고 있지만 고립된 느낌이라고 해야 할까?

성실하게 살아왔지만, 온전히 내 인생을 주도적으로 살았다고 말할 수는 없는 안타까운 시간들. 급하고 중요한 일 앞에 내 시간은 항상 뒷전이었고, 내게 집중할 시간은 언제나 부족했다. 회사 일을 중심으로 돌아가는 생활에 변화를 주고 싶었다. 내가 원하는 것, 좋아하는 것을 하며, 하루를 주도적으로 시작하고 싶었다. 그 시간을 통해 새로운 돌파구를 찾아보고 싶기도 했다.

나의 새벽 기상은 그렇게 시작되었다. 매일 10분에서 30분씩 기상 시간을 조정하며, 해외 출장을 가도 새벽 기상을 지키려 애썼다. 새벽 기상이 점점 익숙해지면서부터 좋아하는 책을 조금씩 읽기 시작했다. 인상 깊었던 문장이나 기억하고 싶은 구절은 작은 노트에 필사하기도 하고, 내 생각과 느낌을 글로 적으며, 나에 대해 좀 더 많이 생각하게 되었다.

나답게 살기 위해 필요한 것, 삶의 태도를 고민하며 글을 쓰는 시간은 위로가 되고 생활의 활력이 되었다. 하지만, 글쓰기에 대한 관심이 커지고 다른 사람들의 글을 읽을수록 마음이 복잡해졌다. 잘 쓰고 싶은 욕심이 커질수록 내 글은 초라해 보였다. 욕심만큼 잘 써지지 않는 날이 많아질수록 글쓰기는 부담스러워졌다. 타인과의 비교는 좋아하는 것으로 하루를 시작하고, 주도적인 내 삶의 방식을 찾고자 했던 초심을 잊어버리게 했다.

나는 읽고 쓰는 사람으로서 시간이 갈수록 단단하게 여물어가며 충만하게 살고 싶다. 온전한 나로, 나의 속도로 꾸준히 나아가고 싶다. 나는 글을 많이 써본 사람도 아니며, 깊이 있는 문학 공부를 해 본 경험도 없다. 그런 내가 큰 노력과 많은 시간을 건너뛰어 어느 날 갑자기 좋은 글을 쓰게 되는 일은 일어나지 않는다. 그러므로 누군가의 글을 읽으며 좌절할 일도, 다른 이와 비교하며 실망할 일도 아니다. 그것 때문에 새벽 아침의 귀한 시간을 포기할 일은 더더욱 아니다. 내 글을 많은 사람이 읽고 공감해 주면 좋겠지만 그것이 내가 새벽에 책을 읽고 글을 쓰는 주된 목적은 아니다. 목적을 잃어버린 시간과 과정은 왜곡되거나 무의미해진다.

새벽 다섯 시, 깨어있는 나에게 나는 다시 묻는다.
'이 시간의 의미는 무엇인가?'
'나는 어떤 사람으로 성장하고 싶은가?'
'나는 어떤 이야기를 펼쳐내고 싶은가?'
나에게 던지는 이 질문들은 하루를 시작하는 나의 독백이자 흔들림 없이 나아가고자 하는 나의 다짐이다.

불안이 힘이 될 때

따뜻한 커피 한 잔과 함께 어김없이 책상 앞에 앉는다. 이른 새벽, 누구의 방해도 받지 않는 고요한 시간. 빈 화면 위에 한 줄의 글을 쓰고, 방금 쓴 줄을 천천히 읽어본다. 인위적이고 재미없다. 그래도 몇 줄을 이어 써본다. 앞의 글과 잘 이어지지 않고 겉돈다. 집중해야 하는데, 생각이 자꾸 다른 곳으로 흘러간다. 갑자기 책상 밑에 머리카락 한 가닥이 눈에 들어온다.

돌돌이 테이프를 가져와 머리카락을 치운다. 다시 의자에 앉아 화면을 바라보지만 시선은 어느새 비어 있는 머그잔을 보고 있다. 결국 다시 일어나 방 밖으로 나간다. 포트에 물이 끓는 소리를 들으며, 거실 창밖을 내려다본다. 드문드문 불이 켜져 있는 집들을 보며, 저마다 다른 아침을 맞이하고 있을 사람들의 하루를 궁금해한다. 따뜻한 물 한 잔만 채워 다시 책상 앞에 앉으려 했었는데, 거실 유리창 앞에서 한참을 서성였다.

몇 달째 제자리걸음만 하는 글, 조바심은 일지만 진전은 더디기만 하다. 내 글을 써보고 싶다는 마음으로 시작한 글쓰기지만 과연 한 권의 책으로 나올 수는 있을까 하는 회의감이 올라온다. 이럴 때면 마음은 깊이 가라앉고 몸마저 무거워지며 의욕도 사라진다. 끝을 내지 못하고 결국엔 아무것도 하지 못할 것 같은 불안감이 엄습한다. 건강, 가족, 일상을 돌아보면 누구에게나 불안이라는 감정은 있다. 편안히 쉬지 못하고 끊임없이 무언가를 해야 할 것 같은 초조함, 휴식조차 제대로 누릴 수 없을 것 같은 불안감.

인간의 다양한 감정을 개성 넘치는 뇌 속 캐릭터로 그려낸 영화 〈인사이드 아웃 2〉는 '불안'이라는 감정을 이야기한다. 전편에 이은 2편에서는 주인공 '라일리'가 사춘기에 접어들면서 '불안', '당황', '따분함', '부러움' 등의 새로운 감정들이 등장한다. 그동안 열심히 활동하던 '기쁨', '슬픔' 등의 기존 감정들은 '불안이'에게 밀려난다. 더 멋진 삶, 이전보다 더 나아지고 발전하기 위해 '불안이'는 라일리를 끊임없이 불안에 떨게 만든다.

불안이는 하키 경기에서 좋은 성적을 내기 위해 이른 새벽부터 라일리를 훈련시키고, 친한 친구들을 멀리하게 만든다. 코치의 노트를 보기 위해 코치의 사무실에 몰래 들어가게 부추기는 등 라일리를 곤경에 빠뜨리기까지 한다. 최악의 상황을 상상하며 폭주하는 불안이를 보고 영화를 본 많은 어른 관객들 역시 크게 공감했다고 한다. 이 영화가 많은 사람들의 공감을 받은 이유는 누구에게나 있는 불안이라는 감정을 지혜롭게 잘 다루고 싶은 우리의 바람 때문은 아닐까?

스스로를 의심하게 하고 힘들게 하는 불안의 원인은 어디에 있을까? 어쩌면 그것은 더 나아지고 싶은 이상적인 미래의 내 모습과 현재의 내 모습

사이에 존재하는 간극에서 비롯되었을지도 모른다. 그 이유를 알기에 우리는 한 번 더 움직이고, 배우고 노력하며 끊임없이 발전하려 애쓴다. 불안이라는 감정은 가끔 더 큰 불안으로 우리를 힘들게 하지만 때로는 그 불안이 나를 자극하고 움직이게 하는 동력이 되어주기도 한다.

문득 이유를 알 수 없는 불안감이 스멀스멀 나타난다면, 그 감정에 휩싸여 아무것도 하지 않는 게 아니라 일단 몸을 움직여 작은 것이라도 하는 게 좋다. 나는 진도가 잘 나가지 않는 글을 붙들고 앉아 한숨 쉬는 대신 컴퓨터 전원을 끈다. 창문을 열어 실내 공기를 환기하고, 거실 한쪽에 서 있던 청소기를 들고 방을 오가며 청소를 한다. 구석구석 먼지를 제거하고, 책상 위에 흩어져 있는 가위, 핸드크림, 책도 제자리에 정리한다. 물걸레를 깨끗하게 빨아 책상 위도 닦고 바닥도 꼼꼼하게 닦는다. 어느새 산뜻해진 공기와 방을 보며, 뿌듯함과 작은 만족감을 느낀다. 눈에 띄는 큰 변화는 아니지만 어쩌면 조금씩 나아지고 있을지도 모른다는 희망, 다시 한번 잘 해보고 싶다는 의지도 조금씩 되살아난다. 여전히 불안한 마음은 불쑥불쑥 나를 괴롭히겠지만, 따뜻한 차를 머그잔 가득 담아 나는 다시 컴퓨터 앞에 앉는다.

인생의 사막을 건너는 법

"어떻게 해야 할지 모르겠어요."

몇 년 만에 만난 후배가 그동안의 일들을 속사포처럼 쏟아내더니 마지막으로 내게 한 말이었다. 그녀는 누구보다 열심히 바쁘게 사는 사람이었다. 작은 회사에서 디자인팀을 맡고 있는 그녀는 열심히 일하며 틈틈이 자신의 역량을 높이기 위해 공부도 하고, 쉬는 날도 없이 모든 일에 최선을 다했다. 한편으론 대견하면서도 한편으론 자기를 위한 시간도 좀 가졌으면 하는 안타까운 마음도 드는 친구였다.

그런 후배가 오랜 시간 몸담았던 좋아하던 일터가 상황이 어려워지면서 회사를 떠나야만 하는 처지가 되었다. 지금까지 열심히 일했지만 사십 대 후반의 어중간한 나이, 작은 회사에서의 한정된 디자인 경력을 가진 바람에 이직은 생각보다 쉽지 않았다. 좋아하는 일이었지만, 앞으로 계속할 수 있을지 자신감도 떨어졌다고, 다른 일을 한다면 어떤 일을 할 수 있을지 앞이 보이지 않는다고 고민을 털어놓았다.

흔히들 인생을 등산에 비유하곤 한다. 목표를 이루기 위해 노력하고 애쓰는 것이 정상을 향해 한 걸음 한 걸음 올라가는 등산과 비슷하다고 생각하기 때문일 것이다. 하지만, 경영컨설턴트 스티브 도나휴(Steve Donahu)는 "인생은 갈 길이 뚜렷하게 보이는 산이라기보다, 어디로 가야 할지 막막한 사막을 더 닮았다."라고 표현한다. 특히 변화의 시기에 있어 인생이란 사하라 사막을 건너는 것과 같다고 말하기도 했다. 정상이라는 목표가 분명한 산과 달리 사막은 끝을 종잡을 수 없다. 한없이 펼쳐진 모래언덕이 끝없이 이어진 듯 보일 뿐이다. 언제쯤 이 여정을 마칠 수 있을지 짐작조차 어려우며, 모르긴 해도 비슷해 보이는 모래 언덕을 계속 가다 보면 방향 감각을 상실한 채 길을 잃어버리기 십상일 것이다.

사막을 건널 때 중요한 건 무엇일까? 많은 사막 탐험가들의 말에 따르면, 온도가 높고 건조한 사막을 건널 때 중요한 것은 물을 잘 마시는 것이라고 한다. 입술이 갈라지고 목이 탈 때 물을 마시는 것이 아니라 목이 마르기 전에 미리미리 조금씩 수분을 보충해야 한다는 것이다. 목이 마르다는 것은 이미 몸속에 수분이 부족한 위험한 상황임을 의미한다. 사막이나 산에서 조난을 당하는 사람들의 배낭에는 의외로 물과 식량이 충분한 경우도 많다고 한다. 하지만 목이 마르기 전에 미리미리 물을 마시지 않아 자기도 모르게 위험한 상황에 빠지게 되는 것이다.

취업, 승진, 내 집 마련 등 살아가면서 우리는 크고 작은 인생의 목표를 세운다. 목표를 이루기 위해 노력하고, 하나씩 성취해나가는 것은 중요한 일이다. 꿈꾸는 목표를 향해 나아가는 여정에서 함께하는 사람, 스스로를 돌아보는 여유가 중요함을 우리는 알고 있다. 하지만 목표를 향해 숨 가쁘게 달리다 보면 자신은 물론 주변 사람들을 생각할 여유를 자주 잊어버린다.

그렇게 달리다 보면 가까운 사람들과 어느새 서먹서먹하게 멀어져 있다. 때로는 힘든 나를 더 채찍질해 앞으로 달려가다 건강을 잃기도 한다. 인생의 사막이 주는 혼돈, 두려움을 벗어나고 싶은 급한 마음이 앞서면 다른 것이 끼어들 틈이 없다. 하지만 가끔은 숨을 한번 돌리며 왔던 길을 되돌아보는 여유도 필요하다. 공들여 추진했던 일이 물거품이 되었을 때, 세상 어딘가에서라도 나라는 존재를 확인받고 싶은데 자꾸만 거부당할 때, 자신감이 바닥까지 떨어졌을 때, 그때는 한 모금의 물을 마시며 나의 방향을 다시 점검해야 할 때일지도 모른다. 글쓰기는 몸도 마음도 더 이상 한 발짝도 나아갈 힘이 없을 때, 내면의 갈증을 스스로 자각하게 하고 스스로를 돌아보게 하는 한 모금의 물과 같은 역할을 할 것이다.

힘들어하던 후배는 잠시 쉬면서 재충전의 시간을 갖기로 결정했다. 쉼 없이 앞으로 달리기만 하던 길에서 잠시 멈춰 자신을 돌아보는 시간을 갖기로 한 것이다. 그렇게 후배는 그동안 제대로 돌보지 못했던 몸과 마음을 챙기며, 가족들과도 오붓한 시간을 보내고 있다. 그리고 오랜만에 자신의 그림을 다시 그리기 시작했다. 특별한 이유나 목적 없이 순수하게 그림을 그리다 보니 자신이 하고 싶었던 디자인에 대해서도 다시 생각하게 된다고 했다. 누구보다 그림을 좋아하고 좋은 디자인을 하고 싶어 했던 만큼 자기만의 방식으로 방향을 찾을 것이라 믿는다.

그림을 그리든, 글을 쓰든 마음이 이끄는 일을 하며 쉬는 시간은 누구에게나 반드시 필요하다. 세상에 완벽한 인간은 없으며, 여행을 나설 때 백 퍼센트 완벽한 준비를 하고 떠날 수도 없다. 작은 여행에서도 야심 차게 준비해 간 많은 것들이 크고 작은 변수들에 무용지물이 될 때도 얼마나 많은가. 하물며 긴 인생의 길에서 누구나 길을 잃을 수 있다. 적막한 사막 한가운데서 두려움과 외로움을 느낄 수 있지만. 우리는 혼자가 아니며, 멈춰선 지점이 인생의 끝도 아니다. **걸음을 멈추고, 물을 마시며 숨을 돌리는 여유는 멈춤이나 포기가 아니라 재충전을 의미한다. 그 시간이 있기에 우리는 더 깊은 인생의 사막을 걸어갈 수 있다.**

내 마음에 던지는 질문

"질문 있으면 받고 마무리하려고 합니다. 질문 있으신 분?"

"……."

오랜만에 한 서점에서 주관한 강연에 참석했다. 강연자는 강의가 마무리될 무렵, 객석을 향해 질문이 있는지 물었다. 순간 객석은 조용해졌다. 누군가 손을 들고 질문을 해주길 기다리는 사람도 있을 것이고, 특별히 궁금한 게 없어 조용히 앉아 있는 사람도 있다. 수업 시간이나 강연회에서 자주 볼 수 있는 풍경이다.

질문이 중요하다고 이야기하곤 한다. 기술이 발전할수록 우리에게 더 필요한 것은 질문하는 능력이라고도 한다. 하지만 대부분의 상황에서 나는(혹은 우리는) 질문을 잘 하지 않는다. 질문하는 것 자체가 조심스럽기도 하고, 특별히 궁금한 것도, 더 알고 싶은 것이 없을 때도 많다. 질문은 언제 할 수 있을까? 누구에게, 무엇을 질문해야 할까?

새로운 것을 배우거나 미지의 분야에 도전할 때, 여러 가지가 필요하다. 알고자 하는 열정, 배우려는 마음, 유연한 태도, 끈기 등. 이 모든 요소를 한마디로 표현한다면 스스로 하고 싶은 '마음', 끊임없이 궁금해하는 순수한 '마음'이 아닐까?, 그리고 그런 마음이 표현되어 나오는 것이 질문이 아닐까 생각해본다.

마음이 있어야 궁금한 것이 생기고, 그때 비로소 우리는 질문할 수 있다. 축구 선수나 야구 선수, 소설가, 첼리스트 등 누군가를 좋아하고 동경한다고 생각해 보자. 단순히 멋있고 부러워하는 데 그치는 게 아니라 나도 그렇게 되고 싶고 그를 닮고 싶은 열망이 있다면, 그렇다면 나는 알고 싶어질 것이다. 어떻게 하면 그렇게 잘할 수 있는지, 끊임없이 노력하는 힘은 어디서 나오는지. 글쓰기에 관심 있는 사람이라면 좋아하는 작가에게 묻고 싶을 것이다. 어떻게 하면 글을 잘 쓸 수 있는지, 글을 쓴다는 것이 당신에게는 어떤 의미인지.

질문이 있는 사람은 나와 세상에 관심이 많은 사람이다. 무엇보다 그는 자신에 대해 궁금하고 호기심이 많은 사람이다. 그는 자기의 삶, 일, 미래에 대해 열정적이며 삶을 더 잘 가꾸고 멋지게 만들어가고 싶은 '마음'이 있다. 호기심이나 열정은 그런 마음에서 나오는 것이리라. 특별히 궁금한 것도, 재미있는 것도 없다는 건 내 안에 그런 마음이 부족함을 의미하는 건 아닐까? 어제가 오늘 같고 오늘이 내일 같다면 특별히 즐거운 일도, 궁금한 것도 없다. 조금 지쳐 있을 수도 있고, 미래에 대한 기대가 없을 수도 있다.

이럴 때 우리는 무엇을 해야 하는가? 자기의 마음을 돌아보는 방법 역시 질문에 있다. '같은 영화, 책을 봤는데 나는 왜 궁금한 게 없을까?', '지금 내게 필요한 건 뭘까?' 머릿속에서 맴도는 질문들을 글로 쓰면 구체적으로 보인다. 질문하고 답하는 과정에서 현재 상황을 좀 더 객관적으로 돌아보게 되고, 자기를 좀 더 깊이 이해할 수 있다.

어쩌면 삶에서 가장 중요한 질문은 타인에게 던지는 질문이 아니라 스스로에게 던지는 솔직한 질문일지도 모른다. 우리는 누구보다 자신을 가장 많이 궁금해하고 알아야 한다. 자신에게 던지는 근본적인 질문들은 나를 더 나답게 하고 성장하게 한다. 그것은 잘 살고 싶다는 마음, 더 좋은 사람이 되고 싶다는 간절한 바람, 내 삶을 잘 가꾸고 싶다는 굳건한 의지다. 질문은 결국 나에 대한 사랑이자 세상과 사람들에 대한 마음의 표현이다.

요즘 나는 스스로에게 어떤 질문을 가장 많이 하고, 그 질문에 어떤 답을 쓰고 있는가? 불쑥불쑥 나의 능력을 의심하고, 어리석음에 좌절할 때 나는 자주 스스로에게 질문하고 답한다. 때로는 이 과정이 위로가 되기도 하고, 제자리걸음을 하는 것 같은 현실에서도 한 걸음 또 앞으로 나아갈 힘을 주기도 한다. 특별한 건 없어도 그 질문들이 쌓여 열심히 살고 싶은 마음을 불러올 거라 믿으며, 좋은 글을 쓰고 싶은 바람이 이루어지리라 믿으며 오늘도 나는 나에게 묻고 쓴다.

Chapter 1   나를 돌아보는 글쓰기

나를 돌아보는 글쓰기 실천 노트

- 내가 요즘 가장 자주 떠올리는 말은 무엇인가요? 그 이유는요?
- 나를 오랫동안 사로잡았던 이야기나 글은 무엇이었나요? 그때 어떤 감정을 느꼈나요? 왜 그 이야기에 끌렸나요?
- 글쓰기를 통해 이루고 싶은 나의 가장 솔직한 바람은 무엇인가요? 단순히 잘 쓰고 싶은 마음 외에, 더 깊은 곳에 숨겨진 욕망을 찾아보세요.
- 글쓰기를 시작하기 전, 나를 가로막는 가장 큰 장애물은 무엇이라고 생각하나요?
- 글을 쓴다는 것은 나에게 어떤 의미인가요? 그 이유도 적어보세요.

Chapter 2
사소한 마무에 맞을 걷는 시간

1

일상의 의미를
발견할 때

어제 같은 오늘, 오늘 같은 내일

'아직 두 시밖에 안 됐어, 오늘은 진~짜 시간 안 간다.'

짧은 주말이 끝나고 시작되는 월요일은 언제나 힘들다. 점심 먹고 한참 동안 일한 것 같은데, 야속하게도 시간은 겨우 오후 두 시다. 오늘따라 시간이 너무 느리게 흐르는 것 같다. 그렇게 시작한 일주일은 평소보다 더욱 힘들다. 같은 하루를 보내지만 어떤 날은 시간이 물 흐르듯 빨리 흐르며 행복한 날이 있는가 하면, 유난히 시간이 더디게만 가고, 힘든 날이 있다. 그런 날은 업무 집중도도 떨어지고, 일도 재미없다. 새로운 경험이나 설렘은 없고, 다람쥐 쳇바퀴 돌듯 앞으로도 계속 이런 시간을 보낼 것 같은 불안감에 가끔은 숨이 막힌다. 이런 날들이 반복되면 어느새 그날이 그날 같은 무감각한 하루를 보내게 된다.

권태로운 일상에서 벗어나 삶의 활력을 되찾을 수는 없을까? '몰입(Flow)'이라는 개념을 창시한 심리학자 '칙센트 미하이(Mihaly Csikszentmihalyi)'는 오랜 시간 삶을 즐겁고 행복하게 만드는 요인들에 관해 연구했다. 그는 삶 전체를 행복한 몰입 활동으로 변화시키기 위해서는 자신에 대해 깊이 이해하는 것이 필요하며, 인생을 바칠 가치와 목표를 추구하는 것이 중요하다고 말했다.

2005년 스탠포드 대학교 졸업식에 많은 사람들의 관심과 박수를 받으며 한 사람이 연단 위로 올랐다. 애플의 창업자이자 혁신의 아이콘이 된 스티브 잡스였다. 그는 이 연설에서 평범하지 않았던 그의 인생과 경험들을 전하며, 'Stay Hungry. Stay Foolish.'라는 유명한 말로 일과 삶에 대한 열정을 이야기했다. 스무 살에 차고에서 시작한 애플은 십 년 만에 거대한 기업으로 성장했지만, 그는 서른 살에 자신이 설립한 회사에서 쫓겨나는 아픔을 겪었다.

그는 몇 개월 동안 스스로를 실패자라 생각하며 실리콘밸리에서 도망가고 싶었고, 아무것도 할 수 없었다고 고백했다. 그런 그를 다시 일으켜 세운 것은 일에 대한 열정과 사랑이었다. 인생의 초점을 잃어버린 끔찍한 상황에서도 그는 도망치지 않고 자기 내면에 집중했다. 그리고 마음속에서 천천히 살아나는 일에 대한 사랑, 꺾이지 않는 내면의 열정을 알아차렸다. 애플에서의 실패를 바탕으로 초심자의 마음으로 돌아갔으며, 다시 시작할 용기를 얻었다. 성공이라는 중압감에서 벗어나 자기 일에 몰입하며, 최고의 창의성을 발휘할 수 있었다. 그 결과 픽사를 설립하며 세계 최초의 3D 애니메이션 영화 〈토이 스토리〉를 만들었다.

빠르게 변하는 사회, 넘치는 정보, 흔들리는 가치관, 불안한 미래는 우리를 끊임없이 흔들고 혼란스럽게 한다. 내가 하는 노력이 부질없이 느껴지고 지금 하는 일에 좀처럼 흥미가 느껴지지 않는다면, 내 삶의 의미에 대해 깊이 생각해 보는 시간을 가져보자. 지금 하는 일 혹은 앞으로 하고 싶은 일을 통해 이루려고 하는 목표는 무엇인지, 그것이 자신에게 어떤 의미와 가치가 있는지 돌아보는 시간이 필요하다.

　머리로만 하는 생각은 시간이 지나면 휘발되기 마련이다. 노트를 꺼내어 머릿속에 떠오르는 생각들을 솔직하게 적어보자. 자신에 대해 고민하고 생각하는 그 시간만큼은 자기에게 몰입할 수 있게 될 것이다. 또한, 그 시간은 잊고 있던 가능성을 발견하는 기회가 될 수도 있다. 매일매일 기록하다 보면 똑같이 흘러가는 시간이지만 순간에 몰입하는 힘도 커지고, 일과 일상을 대하는 새로운 태도와 활력을 되찾을 수 있을 것이다.

사소한 하루가 의미 있는 날로

일기장 속 기록 하나

한주가 쏜살같이 지나갔다.

나이가 들수록 시간이 빨리 간다던 옛 어른들 말이 갈수록 실감 난다.

이번 주는 바빴던 기억은 있는데, 무엇을 했는지 기억이 잘 나지 않는다.

화요일, 수요일, 목요일을 건너뛰어 바로 금요일이 된 것 같은 느낌.

기록하지 않으니 기억이 잘 나지 않고, 일상을 따라가느라 분주하기만 하다.

배는 부른데 허기진 느낌이라고 해야 할까? 뭔가를 놓치고 가는 기분이다.

일기장 속 기록 둘

빌린 책도 반납하고, 어제 새로 구입한 책도 읽을 겸 도서관에 들렀다.

생각보다 집중이 잘 안 돼서 2시간을 채우지 못하고 집으로 왔다.

빈둥빈둥 유튜브의 알고리즘과 함께 오후 시간을 다 보내 버렸다.

아까운 나의 토요일….

그래도 오후에 잠깐 본 하늘은 예뻤다. 예쁜 하늘 사진 한 컷!

일기장 속 기록 셋

햇볕이 유난히 좋았던 휴일 오후, 근처 공원으로 산책하러 나갔다. 하얗게 날리는 벚꽃 잎들을 바라보며, 어느새 물러가고 있는 봄을 아쉬워하며 천천히 걷고 있었다. 산책로 곳곳에는 바람에 날린 벚꽃 잎들이 눈 무더기처럼 소복소복하게 쌓여 있었다. 멀리서 예쁜 아기가 아장아장 걸어오고 있었다. 아이는 소복하게 쌓여 있는 벚꽃 잎 위에 털썩 주저앉았다. 고사리 같은 두 손으로 꽃잎을 한가득 움켜쥐고, 한참을 들여다본다. 저 작은 아이의 눈에 비치는 흩날리는 벚꽃은 어떤 모습일까? 짧은 순간, 눈처럼 날리는 하얀 벚꽃 잎이, 두 손 가득 벚꽃 잎을 담은 아이가 너무 아름답다는 생각을 해본다.

지난 일기장 속의 기록들이다. 나는 컴퓨터 파일에 일기를 남기기도 하고, 손으로 꾹꾹 눌러 또박또박 일기장에 쓸 때도 있다. 특별한 기준이 있지는 않다. 그때그때 손이 가는 대로, 특별히 기록을 남기고 싶은 날 일기를 써왔다. 일기로 남지 않은 무수히 많은 날들을 나는 어떻게 보냈을까? 낯선 나라와 도시를 열심히 쏘다녔던 뜨거웠던 여름, 처음 독립했을 때의 어설프고 작았던 옥탑방, 오랜 시간 희로애락을 함께했던 동료들, 나뭇잎 사이로 비치는 햇살이 유난히 예뻤던 어떤 순간 등 스쳐 지나간 많은 시간이 아쉽고 안타깝다. 그 시절 일상에서 내가 자주 했던 생각은 무엇이었는지, 내 시선이 향하던 곳은 어디였을지 문득 궁금하다.

시간은 언제나 빠르게 흐른다. 나이가 들수록 시간이 더 빨리 가는 것처럼 느껴지곤 한다. 이는 단순히 주관적인 느낌만은 아니다. 우리 뇌의 정보 처리 속도가 나이가 들수록 느려지기 때문이라고 한다. 우리가 눈으로 어떤 장면을 보게 되면 뇌 속 신경세포들이 그 정보를 처리하게 되는데, 이 속도는 나이가 들수록 느려진다. 일 년이라는 시간을 기억할 때 어릴 때는 삼백만 장의 사진으로 기억한다면, 나이가 들면 백만 장 정도의 사진으로 기억하는 것과 비슷하다. 한 달, 일 년의 기록이 듬성듬성 찍은 몇 장의 사진으로만 존재하는 것이다. 기록이 부실한 만큼 인상적이거나 특별한 사건 외에는 기억에 잘 남지 않는다. 시간의 밀도가 약한 만큼 우리 뇌에서 더 빨리 사라지는 것이다.

여행을 가면 우리는 곳곳에서 사진을 찍는다. 여행지에서 먹은 음식, 구름이 지나가는 멋진 하늘, 갑자기 만나게 된 소나기 등 일상에서는 찍지 않을 사소한 장면까지도 사진으로 남길 때가 많다. '남는 건 사진뿐'을 외치며 그 순간을 기록하려 애쓴다. 여행이 끝나고 한참 뒤에도 그 사진들을 보면, 새록새록 추억을 떠올리기도 한다. 사진이 없다면 어떨까? 시간이 흐르면 자연스럽게 기억이 희미해질 것이다. 여행지의 하늘이 아무리 예뻤어도, 함께 간 친구와의 시간이 정말 행복했어도 언젠가는 잊히기 마련이다. 기록하지 않으면, 기억할 수 없다. 일상도 마찬가지다. 일기든, 메모든, 사진이든 어떤 형태로든 기록하지 않으면 남는 건 없다.

내 일기장 속 어느 토요일은 특별한 것 없는 평범한 날이었다. 하지만 도서관에 들러 책을 읽고, 유튜브를 보느라 오후 시간을 다 보낸 그날의 기억은 내 기록 속에 살아있다. 가는 봄을 아쉬워하며 산책길에 보았던 아름다운 벚꽃은 해마다 봄이 오면 떠오를지도 모른다. 기록 속에 남은 일상은 특별한 날이 되어 나를 돌아보게 한다. 매일 글을 쓰다 보면, 평범한 일상에도 소소한 기쁨과 특별한 순간이 있었음을 알게 된다.

똑같아 보이는 하늘도 어제와 오늘이 다르고, 여전히 쌀쌀하고 춥지만 불어오는 바람이 조금씩 따뜻해지고 있음을 알아차리기도 한다. 매일매일 자신과 마주하며 글을 쓰고 기록을 남기는 것은 성실하게 하루를 산 자신을 위로하는 일이다. 두근두근 내일을 기다리는 힘이다. **사소하고 평범한 내 하루는 기록을 통해 의미 있고 특별한 날이 된다.**

사람들은 왜 MBTI를 궁금해할까?

"배가 계속 아파, 나 배탈 난 것 같아."

친구가 이렇게 말할 때, 당신은 주로 어떻게 반응하는가? "어머 어떡해, 많이 아파? 같이 병원 갈까?"라고 하며 걱정 어린 공감을 먼저 표현하는가? 아니면 "뭐 잘 못 먹은 거 아니야? 약 먹어."라며 현실적인 해결 방법을 제시하는가? MBTI 테스트에 따르면, 비슷한 상황에서 전자처럼 주로 반응한다면 당신은 F(Feeling, 감정형), 후자와 같은 반응을 주로 한다면 T(Thinking, 사고형)일 가능성이 높다고 한다.

몇 년 전부터 MBTI 테스트가 많은 사람들의 관심을 끌고 있다. 'T'유형이라서, 'E'유형이어서 그렇다며 일반적인 성향과 행동에 대해 당위성을 부여한다. 특정 유형의 장 · 단점을 이야기하며 상대를 이해하려 노력하기도 한다. MBTI 유형을 알면, 대략의 성향과 행동을 이해할 수 있다는 긍정적인 면도 있지만, 몇 가지 유형으로 복합적인 사람의 성향을 단정 지을 수 없다는 한계도 분명 있다. 그럼에도 불구하고 우리가 MBTI와 같은 테스트에 관심을 가지는 이유는 뭘까?

테스트를 해보면 나는 I(내향형)에 T(사고형)이다. 사람들과 함께하는 시간도 좋아하지만 혼자 있는 시간을 더 선호한다. 낯을 많이 가리며, 누군가와 친해지기까지 시간이 오래 걸리는 편이다. 여러 사람과 어울리기보다 마음 맞는 한두 명의 친구와 친하게 지내는 걸 편안해한다. 하지만, 사회생활을 하다 보면 내 취향과 성향대로만 살기는 어렵다. 친하지 않은 사람에게 먼저 다가가 알은체하며 이야기해야 할 때도 있고, 성향이 다른 사람과 서로 맞춰가며 일해야 할 때도 많다.

사람들, 전화 소리, 사무실 소음 등 북적거리는 환경에서 일하다 보면 영혼이 탈탈 털린 느낌으로 퇴근하기도 한다. 하지만 우리가 하루 이틀만 일하고 말 것도 아니고, 결국 일을 잘할 수 있는 방식과 환경을 만드는 건 내게 달려 있다. 혼자 있을 때 에너지가 채워지는 나는 빠르게 처리해야 하는 업무, 회의가 많은 날은 가능하면 혼자만의 시간을 가지려 노력한다.

동료들과 함께도 좋지만 혼자 점심을 먹는다. 조용히 밥을 먹고, 산책하거나 음악을 들으며 오후에 쓸 에너지를 채운다. 특별히 힘든 날이나 일이 복잡할 때는 글로 적으며 정리하기도 한다. 적다 보면 무작정 휩쓸려 일을 처리하지 않게 되고, 상황을 객관적으로 바라볼 수 있는 여유도 생긴다.

함께 일하는 후배 A는 사무실 문을 열고 들어설 때부터 모든 사람이 그가 출근했음을 안다. 활달하고 밝은 성격의 그는 여러 사람들과 어울려 일하는 것을 좋아한다. 회의 때도 적극적으로 자기 의견을 밝히는 편이다. 반면 동료 B는 조용하고 차분하다. 다른 사람의 이야기를 잘 들어주며 배려심이 뛰어나다.

후배 A는 사람들과 함께 맛있는 밥을 먹고 차를 마시며 수다 시간을 가질 때 에너지가 채워지고, 동료 B는 혼자 차분히 정리할 시간이 필요하다. 여러 사람이 함께 일할 때 MBTI 유형을 아는 것은 서로를 좀 더 이해하는데 도움이 되기도 한다. 우리가 서로의 유형을 궁금해하고 어떤 사람인지 관심을 갖는 이유는 아마도 자신 그리고 누군가와 소통을 더 잘 하고 싶은 마음 때문일 것이다. 뻔한 말이지만, 결국 중요한 것은 나와 타인을 더 잘 이해하고 소통하는 것!

하지만 MBTI 유형을 알고 누군가에 관해 많은 정보를 갖고 있다고 반드시 소통을 잘 하는 것은 아닐 것이다. 나 역시 나를 알고 싶고, 사람들을 이해하고 싶어 MBTI, 홀랜드, 에니어그램, 사주 명리까지 다양한 방법을 탐색해왔다. 하지만 그런 테스트와 정보보다 일상에서 반복적으로 발생하는 문제들을 글로 쓰며 나를 오히려 더 잘 이해할 수 있었다. 쓰지 않았다면, 결과들을 종합하거나 상황을 객관적으로 바라보기 힘들었을지도 모른다. 글을 쓰며 나는 MBTI가 다 말해 주지 않는 내 모습을 보기도 한다.

힘들 때 내가 사람을 어떻게 대하는지, 어떨 때 내가 예민해지고 퉁명스러워지는지 등 의외의 모습을 발견하기도 한다(나는 주로 배가 고플 때 퉁명스럽다). 나와 타인을 더 잘 이해하려 애쓰고, 특정 유형으로 단정 지어 바라보지 않으려 노력한다. 누군가가 궁금하다면, 소통을 잘 하고 싶다면, 그의 MBTI를 아는 것도 좋지만 일단 글을 먼저 써보자. 우리는 서로 다르면서도 같은 존재이며, MBTI 유형이 우리의 모든 모습을 말해 줄 수 있는 건 아니니까.

2

쓴다는 건,
더 나은 나를 믿는 일

막막한 글쓰기의 첫걸음 떼기

.

 말하기와 글쓰기의 차이점은 무엇일까? 말을 잘 하는 사람은 글도 잘 쓸까? 간혹 말은 잘할 수 있지만 글은 도저히 못 쓰겠다는 사람이 있다. 반대로 다른 사람 앞에서는 떨려서 이야기를 제대로 하지 못하기 때문에 차분하게 글을 쓰는 것이 더 편하다는 사람도 있다. 글쓰기가 두렵거나 어떻게 써야 할지 모르겠다는 사람들이 많이 듣는 조언 중 하나가 '말하는 것처럼 쓰라.'라는 것이다. 말하듯이 쓴다는 건 어떤 의미일까?

 소박하고 따뜻한 언어로 자연과 사람을 노래하는 섬진강 시인 김용택 님은 종종 어머니가 하는 말을 받아 적어 시를 지었다고 한다. 어느 날 어머니가 마당에서 콩 타작을 하고 계셨다. 시인은 마당으로 굴러가는 콩을 이리저리 잡으러 다녔다. 그런데 콩 하나가 또르르 굴러 작은 구멍으로 쏙 들어가 버렸다. 그걸 본 어머니가 "용택아, 콩 조건 인자 죽었다."라고 말씀하셨다고 한다.
 어머니의 솔직하고 소박한 말을 시로 옮겨 적은 것이 「콩, 너는 죽었다」

라는 아름다운 동시로 탄생했다. 말하듯 내용을 글로 적으니 리듬이 살아 있고, 생동감 넘치는 글이 되었다. 수확이 바쁜 가을 어느 날, 가족들과 함께 콩 타작을 하던 풍경, 문득 바라본 아름다운 느티나무, 흘러가는 구름을 바라보는 어느 순간이 있다. 그 순간을 잘 보고, 본 것을 말해보고, 말한 것을 그대로 글로 옮기는 것은 김용택 시인이 오랫동안 아이들의 글쓰기를 지도했던 방법이기도 했다. 그는 글쓰기란 '내가 겪은 어느 한순간을 붙잡아 글로 옮겨 보는 것'이라고 했다. 마음을 활짝 열고 나의 일상에 관심을 갖고 들여다 잘 보는 일, 보고 듣고 느낀 것을 있는 그대로 표현해 보는 일, 그것이 글쓰기의 시작이다.

글이 잘 써지지 않을 때, 나도 막막하고 답답한 심정부터 말로 내뱉으며 이야기해 보곤 했다. 누군가에게 이야기하듯 써보기도 했다. 어제 본 드라마의 한 장면을 써보기도 하고, 창밖으로 늘 보이는 나무에 대해 써보기도 했다. 그렇게 글을 쓰다 보면, 내가 하고 싶은 말이 무엇인지 정리되기도 하고, 좋은 아이디어가 떠오를 때도 있었다. 무엇보다 키보드를 두드리며, 한 줄 한 줄 뭔가를 쓰는 행위는 시작의 막막함을 줄여주었고, 글을 이어갈 수 있는 힘이 되었다.

말하듯이 쓴다는 것은 결국 시작의 중요성을 강조하는 말이 아닐까? 글을 잘 쓰려면 일단 써야 한다. '생각이 정리되면 써야지.', '아직 부족하니 실력을 더 키운 다음에 써야지.'라고 미루다 보면, 영영 한 줄의 글조차 쓰지 못할 수도 있다. 처음부터 완벽한 글을 기대하기는 어렵다. 누군가의 마음에 가닿는 좋은 글을 쓰고 싶다면 서툴더라도 일단 써야 한다. 가까운 친구에게 이야기하듯 떠오르는 생각들을 자유롭게 풀어내는 것부터 시작해 보자. 어렵게만 생각하지 말고 그저 시작해 보는 것이다. **그 작은 시작이 당신을 새로운 글의 세계로 이끌어 줄지도 모른다.**

글을 쓰며 나를 넘어서는 법

오랜만에 베란다 청소를 했다. 필요 없는 물건들은 버리고 정리를 하다 먼지가 뽀얗게 내려앉은 상자 하나를 발견했다. 십 년도 더 지난 일기장, 지인들과 주고받았던 편지, 메모 등 지난 흔적들을 모아놓은 상자였다. 청소도 잊은 채 걸레를 내려놓고 낡은 일기장을 넘기기 시작했다. 잊어버리고 있었던 옛 시간을 마주할 때 느끼는 애틋함과 안타까움. 십 년 전의 나에서 한 발짝도 앞으로 나아가지 못하고 있는 것 같은 씁쓸함.

그때도 지금도 나는 내 문제에 빠져 있고, 현명하고 어른스러운 삶은 여전히 어렵다. 기쁘고 행복하고 때로 억울하고 슬픈 내 감정, 나를 힘들게 하는 관계, 사회적 시선 등 일기장에 털어놓은 내 일상은 감정적이고 무거웠다. 글쓰기를 통해 내 삶에 더 넓은 지평을 열고 싶고 삶의 지혜를 쌓고 싶었지만, 내가 여전히 같은 자리를 맴돌고 있는 이유는 무엇일까?

혼자 하는 말, 혼자 쓰는 글에는 객관적인 근거나 타인의 입장에서 생각해보는 역지사지의 시선은 필요 없다. 반복적인 문제로 괴로울 때, 도저히

넘을 수 없을 것 같은 장벽에 부딪혔을 때, 일기장에 생각과 감정을 토로할 수 있다. 그것으로 마음이 조금 가벼워지기도 한다. 계속 부딪히는 상사, 이해되지 않는 동료 때문에 힘들 땐 누군가에게 내 힘듦을 하소연하기도 하고 흉을 보기도 한다. 그 순간은 위로가 되고 기분 나쁘고 속상했던 감정이 조금은 나아지는 것 같기도 하다.

하지만 그것은 근본적인 해결책이 아님을 우리는 알고 있다. 못난 자신도 싫고, 뚜렷하게 해결되는 것도 없으니 현실이 더 답답하고 버겁게 느껴질 뿐이다. 어떤 일이든 한 쪽의 이야기만 들어서는 문제를 제대로 해결할 수 없다. 부딪히는 사람이 있다면 만나서 이야기하며 풀어야 한다. 힘들어도 직접 대면했을 때 객관적으로 상황을 파악할 수 있다. 사람이든 상황이든 결국 해답은 소통에 있다.

글을 쓴다는 것 또한 결국 소통하기 위함이 아닐까? 당연히 첫 번째 소통의 대상은 자신이다. 내 이야기를 들어주고 속마음을 들여다보며 자신과 온전히 소통하는 것, 그것이 혼자 쓰는 일기의 목적일 것이다. 그러나 소통을 잘하려면 여기서 한 단계 더 나아가야 한다. 감정이나 생각을 털어놓은 후에는 그 감정의 원인과 그로 인한 실수, 반복적으로 하는 행위까지 들여다봐야 한다.

그렇게 할 때 나를 옴짝달싹하지 못하게 하는 문제를 해결할 수 있으며 넘어진 자리에서 툴툴 털고 다시 일어날 수 있다. 처음 일기를 쓰고 글을 쓸 때는 내 감정과 생각을 쓰는 것으로 충분하다. 하지만 사고의 폭을 넓히고 시야를 확장하고 싶다면, 글을 통해 내 삶을 전환하고 싶다면 한 걸음 더 나아가야 한다. 혼자 쓰는 글쓰기에서 소통의 글쓰기, 공적인 글쓰기로 나아가야 하는 이유가 여기에 있다.

나만 보고 말 일기장이라면 어떤 글을 쓰든 상관없다. 하지만 한 명이라도 누군가 내 글을 읽는 사람이 존재한다면 한 번 더 읽어보게 된다. 내 생각이 한쪽으로만 편향된 것은 아닌지, 적절한 단어를 사용했는지, 읽는 사람이 글을 잘 이해할 수 있을지 고민한다. 그 과정에서 내 상황을 한 발 뒤로 물러서서 보게 되고 객관적 시선으로 문제를 바라봄으로써 해결의 실마리를 찾기도 한다.

누군가 내 글을 읽듯 나 역시 타인의 글을 읽으며 타인과 세상을 알아간다. 다른 사람은 어떤 생각을 하는지, 어떻게 살아가는지, 읽으며 내 생각의 폭과 깊이를 고민한다. 나의 언어를 만들기 위해 더 많이 읽고 질문하며 써보게 된다. 그 과정에서 글쓰기는 조금씩 앞으로 나아갈 것이다. 그러므로 아직 혼자만 보는 사적인 글쓰기를 하고 있다면 소통하는 글쓰기, 함께하는 글쓰기를 해보라고 권하고 싶다. 내 글을 읽는 누군가가 있다는 사실만으로 더 신중하고 꾸준히 좋은 글을 쓰고자 노력할 수 있다.

서로를 단련시키고 북돋아 주면서 쓴 글은
더 이상 일기가 아니다.

- 배지영, 『쓰는 사람이 되고 싶다면』 중에서 -

글쓰기, 좋은 삶을 향하는 발걸음

2021년, 평생 김밥을 팔아 모은 전 재산을 어려운 환경에 처한 아이들과 장애인들을 위해 기부한 한 할머니의 사연이 다양한 매체를 통해 공개된 적이 있다. 이 사연을 다룬 인터넷 기사에 여러 댓글이 달렸다. '가슴이 뭉클하고 따뜻해지는 내용'이다, '할머니를 뵈니 내가 부끄럽다.', '진정한 어른이시다.' 등 대부분 할머니에 대한 존경과 칭찬의 내용이다. 하지만 '그 돈이 과연 제대로 쓰일까? 할머니가 잘못 생각하셨다.', '쇼한다.'라는 댓글도 있었다.

댓글은 간결한 글로 자기 의견을 드러낼 수 있는 소통의 창구이다. 자신의 생각을 표현하며 소통의 장으로 잘 활용하는 사람도 많다. 반면 심심해서, 다른 사람들의 관심을 받기 위해, 내 생각과 다르다는 이유로 악의적 댓글을 일삼으며 타인의 불편함과 고통 따위는 전혀 배려하지 않는 사람도 있다. 평소 관심을 가지는 대상이 무엇인지, 사회적 이슈에 관해 어떤 관점을 갖고 있고, 어떻게 행동하는가는 삶을 대하는 태도와 무관하지 않을 것이다. 댓글 또한 하나의 글이다. 비록 짧은 글일지라도 좋은 삶을 살려는 의지가 있는 사람은 아름다운 댓글을 달고 선한 영향력을 펼칠 수 있다.

흔히들 좋은 삶을 살아야 좋은 글을 쓸 수 있다고 말한다. 좋은 삶이란 어떤 걸까? 사업이 망해 하루아침에 거리로 내몰린 상황에서도 좌절하지 않고 성공을 거머쥔 파란만장한 삶일까? 안정적인 직장을 박차고 나와 오지를 탐험하며 평범한 사람은 하기 힘든 경험을 한 삶일까? 아니면 어렵다는 전문 자격을 취득하며 부와 명예를 얻은 탄탄대로의 삶일까? 불의에 맞서 투쟁하거나 환경보호, 빈곤퇴치, 사회적 평등의 숭고한 가치를 위해 헌신하는 삶은 어떤가?

좋은 삶이라고 말하기에는 내 삶은 너무 평범하고 내세울 것이 없다고 생각하는 사람이 있을지도 모르겠다. 하지만 좋은 삶의 기준과 정의는 지극히 주관적이며 다양하다. 남들이 부러워하는 경험과 성취를 이룬 사람이라 할지라도, 지금 이 순간 자신에게 주어진 시간과 곁에 있는 사람들에게 성실하지 않다면, 그 삶을 좋은 삶이라 할 수 있을까? 내 일, 내 감정에만 빠져 다른 사람의 마음을 살피지 못하는 사람이 따뜻한 글을 쓰고, 공익적 가치에 얼마나 공감을 할 수 있을지 나는 잘 모르겠다.

누군가에게 해를 끼치지 않는 삶, 작은 친절로 누군가에게 따뜻한 위로를 건네는 삶, 하루하루 자신의 자리에서 성실하게 살아가는 모든 삶이 좋은 삶이라고 나는 생각한다. 힘들어하는 동료에게 따뜻한 말 한마디를 건네며 내가 해야 하는 일에 마음을 다하고 있다면, 이미 좋은 삶이다. 매 순간, 그런 삶을 살려는 태도는 곧 좋은 글을 쓰고 싶다는 의지의 표현일 것이다. 그리고 그런 사람은 분명 좋은 글을 쓸 수 있다고 나는 믿는다.

3

마음이 이끄는
글쓰기

희망이 없을 때도 글은 남았다

여느 날과 다름없는 평범한 아침, 서둘러 화장실로 향한다. 양치질을 하는데 갑자기 손에 힘이 빠지는 듯하다. 하지만 곧 익숙하게 양치질을 하고, 옷을 입는다. 그런데 갑자기 또 손에 힘이 들어가지 않더니 늘 입던 와이셔츠 단추를 끼울 수가 없었다. '어? 왜 이렇게 손에 힘이 들어가지 않지? 내가 요즘 좀 무리했나?' 아마 대부분 이렇게 생각할 것이다. 그런데 오른팔의 증상이 왼쪽 팔로 옮겨가고, 다시 오른발, 왼발로 옮겨가 결국 숨을 쉴수도 없게 된다면 어떨까?

이제는 고인이 되신 정태규 작가의 이야기다. 고등학교 국어 교사이자 소설가로 성실하게 살아가던 작가는 어느 날부터 몸의 이상을 느끼게 된다. 와이셔츠 단추를 끼우기 힘들 정도로 힘이 빠지던 손은 수업 시간 판서를 하다 분필을 놓치기도 하고, 힘없이 툭 떨어지기도 한다. 밥을 먹다가 숟가락을 놓치기도 하더니 증상이 점점 심해지기 시작했다.

원인을 몰라 여러 병원을 찾아다니며 검사를 한 결과, 1년여 만에 루게릭

병 진단을 받게 된다. 이 병은 근육이 점차 소실되면서 손과 다리에 힘이 빠지는 병이다. 가벼운 물건도 들 수 없게 되고, 걸을 수 없게 되며, 나중에는 씹거나 삼키는 것도 어려워진다. 위장에 튜브를 연결해 음식을 주입하고, 인공호흡기로 숨을 쉬면서 살아야 한다. 육체에 갇힌 채 정신만 또렷한 상태가 되는 것이다. 만약 내가 이런 상황에 처하게 된다면 나는 무엇을 할까?

정태규 님은 이런 상황에도 절망하거나 스스로를 포기하지 않았다. 병으로 학교를 그만두게 되면서 그는 그동안 제대로 전념하지 못했던 소설 쓰기 작업을 시작했다. 말하는 것조차 힘들었던 그를 대신해 아내가 컴퓨터 자판으로 그가 원하는 단어를 입력해 주었다.

아내가 'ㅅ', 'ㄱ', 'ㄷ', 'ㅈ' 등이 적힌 글자판의 자음을 하나하나 짚었다. 쭉 짚다가 'ㅂ'에 이르면 내가 고개를 끄덕였다.

- 정태규, 『당신은 모를 것이다』 중에서 -

증세가 심해지면서 침대에만 누워있어야 하는 상황에서도 그는 안구 마우스의 도움을 받아 책을 읽고, 산문집 『꿈을 굽다』, 『편지』, 평론집 『시간의 향기』를 잇달아 출간하기도 하였다. 십 년 넘게 병상에서도 글을 활발하게 글을 쓰던 작가는 안타깝게도 2021년 타계하셨다고 한다.

영화 〈잠수종과 나비〉는 세계적인 패션잡지 〈엘르〉의 편집장이었던 장 도미니크 보비의 실화를 바탕으로 한 이야기다. 어느 날 갑작스러운 뇌졸

중으로 쓰러진 그는 왼쪽 눈꺼풀 외에는 전혀 몸을 움직일 수 없는 상태가 되었다. 아무것도 할 수 없을 것 같은 그 상황에서 그 역시 글을 썼다. 이십만 번 이상 눈을 깜박여 십오 개월 동안 글을 써 완성한 책이 바로 『잠수복과 나비』다. 모든 것을 잃고 더 이상 희망을 생각할 수 없는 상황에서도 인간은 뭔가를 할 수 있다. 눈꺼풀만 깜박일 수 있는 상황에서도, 생사를 오가는 투병 생활 중에도 마지막 남은 힘을 쥐어짜며 글을 붙잡을 수도 있다. 작가 김영하는 어떤 절망의 순간에도 인간이 글을 쓰는 것은 '글쓰기야말로 인간에게 남겨진 가장 마지막 자유'이기 때문이라 이야기했다.

힘겹고 고통스러운 순간, 어떤 시도조차 무의미해 보이는 절망적인 시기에도 우리는 선택할 수 있다. 아무것도 하지 않기를 선택할 수도 있고, 자신을 일으켜 스스로를 지키는 길을 택할 수도 있다. 선택은 나를 깊이 이해하는 것에서부터 시작된다. 먼저 자신의 감정을 솔직하게 인정하고 깊이 들여다볼 수 있어야 한다. 분노, 좌절, 슬픔 등 나를 휩쓸고 있는 감정들을 외면하거나 합리화, 비난하지 않고 있는 그대로 마주하는 것이 먼저다.

눈물이 흐르고, 누군가를 향한 원망이나 격렬한 분노가 밀려올 수도 있다. 하지만, 그렇게 감정을 충분히 흘려보내고 나면, 마음은 한결 가벼워지고 맑은 눈으로 세상을 마주할 힘도 생긴다. 자신의 상황을 좀 더 객관적으로 바라볼 수도 있고, 무엇을 해야 할지, 어떻게 나를 일으켜야 할지 생각도 해보게 된다.

시련이 주는 의미를 이해하고자 애쓰는 사람은 고통을 외면하지 않는다.

지금 내가 겪고 있는 고난과 좌절도 의미가 있으며, 이 경험이 자신을 성장시키고 변화시킬 것이라 믿는다. 힘든 상황이지만 스스로에 대한 존중을 잃지 않고 앞으로 나아가는 선택을 할 수 있다. 매일 한 페이지씩 글쓰기, 주변 정리정돈, 운동화 끈을 고쳐 매고 매일 걷기 등 일상에서 꾸준히 실천할 수 있는 작은 일부터 시작해 보자. 중요한 것은 **희망 없는 시기에도 우리가 무엇을 할지 선택할 수 있는 자유로운 존재라는 사실을 잊지 않는 것이다.**

중요한 건 속도가 아니라 방향이니까

온통 새하얀 눈으로 뒤덮인 산, 비탈면을 따라 여기저기 서 있는 나무들을 아슬아슬하게 피하며 활강하는 산악 스키. 잠깐이라도 방심하는 순간 나무에 부딪히거나 자칫하다 넘어져 눈사태라도 만나면 치명적인 사고로 이어질 수 있기에 보는 이들도 가슴을 졸이게 된다. 산악 스키 선수들은 어떻게 그 많은 나무를 피하며 활강할 수 있을까?

우연히 본 영상에서 작가이자 컨설턴트인 사이먼 사이넥(Simon Sinek)은 이렇게 이야기했다. 만약 스키어가 '나무에 부딪히지 마, 나무에 부딪히지 마(don't hit a tree).'라고 되뇌다면 그의 눈에는 나무만 보일 것이다. 하지만, '길을 따라가(follow the path), 길을 따라가면 돼.'라고 되뇌면 그에게는 나무들 사이로 이어지는 하얀 눈길이 보인다. 스키어들은 알고 있었다. 나무에 집중하면 나무라는 위험한 장애물이 보이지만, 길을 따라간다고 생각하면 눈속의 길이 보인다는 것을.

겨울에서 봄으로 넘어가던 어느 해, 겨우내 입었던 두꺼운 바지 대신 오랜만에 면바지를 꺼냈다. 작년 봄에도 입었던 옷인데 지퍼를 올리는 게 힘들었다. 억지로 입고는 나갔는데, 꽉 끼어 숨 쉬는 것도 움직이는 것도 불편했다. 일이 바쁘다는 핑계로 책상 앞에만 앉아 있다 보니 야금야금 체중은 불고 체력은 자꾸 떨어졌다.

큰마음을 먹고 회사 근처 헬스클럽에 등록했다. 운동을 해 본 사람은 아마 알 것이다. 하루 이틀 열심히 땀 흘린다고 해서 눈에 띄게 큰 변화가 일어나지는 않는다는 것을. 숨이 차도록 열심히 운동했지만, 거울에 비춰본 내 몸은 어제와 달라진 것이 없고 체중도 쉽게 줄지 않았다. 체력이 금방 좋아지는 것도 아니다. 빨리 살 빼고 싶고 얼른 몸이 좋아졌으면 좋겠다고 생각하면 며칠은 의욕적으로 할 수 있지만 지속하기는 힘들다. 작심삼일이 괜히 있는 것이 아니다.

하루, 이틀, 일주일, 한 달, 티도 나지 않고 재미도 없었지만, 나는 이 년 가까이 헬스클럽을 다녔다. 회사 업무가 바쁘거나 약속이 있는 날은 빠지기도 하고, 시간이 되는 날은 열심히 하기도 했다. 트레이너는 일주일에 사흘은 꾸준히 운동해야 효과가 있다고 강조했다. 하지만, 일주일에 하루밖에 운동할 시간이 없어도 그만두지는 않는다는 마음으로 꾸준히 다녔다. 어느 날 군살 없는 완벽한 몸매와 멋진 근육으로 완벽하게 변하지는 않았다. 하지만 꽉 끼던 바지는 적당히 여유 있는 바지가 되었고 야근을 한 다음 날도 아침에 일어나는 일이 조금씩 수월해졌다.

스포츠 경기도, 운동도 인생과 비슷하다는 생각을 해본다. 살다 보면 다른 사람들보다 한참을 뒤처지는 내 속도에 조바심이 나기도 하고, 남보다 더 빨리 목표에 도달하고 싶은 욕심이 생긴다. 며칠 열심히 해서는 큰 변화가 없다는 걸 인정하지 못하면 '하루 만에 ○○하는 법'과 같은 특별한 비법이나 쉬운 길을 찾게 된다. 산악 스키어가 빨리 산에서 내려가고 싶어 마음이 급해지면 피해야 할 나무들이 먼저 보인다. 애초에 이런 환경에서 스키를 타는 것이 말이 안 되는 상황이라 생각하게 되기도 한다.

그러면 답은 보이지 않는다. 쉽게 가고 싶거나 마음이 급할수록 눈앞의 장애물이 아니라 내가 가야 하는 방향과 목적을 생각해야 한다. 어떤 돌발 상황이 발생할지 알 수 없지만 나무들 사이의 길을 따라 내려가는 것이 스키어로서 내가 가야 할 방향이다. 건강하고 행복한 삶을 위해 느려도 꾸준히 내 몸과 마음을 관리하는 것이 운동의 원래 목적인 것처럼 말이다.

글쓰기도 마찬가지다. 우리는 매일 다양한 경험과 관계 속에서 산다. 하지만 그러한 경험과 시간이 내 삶에 어떤 의미가 있는지를 돌이켜 생각해 볼 기회는 드물다. 일상 속의 내 모습과 감정을 돌아보지 않으면, 시간은 바쁘게 지나가 버린다. 삶이 주는 의미와 통찰은 이해하기 어렵고, 세상의 기준에 맞춰 사느라 인생은 치열하고 고단하다. 글을 쓴다는 것은 무의식 중에 놓치고 있던 내 모습을 이해하고 나와 세상을 더 깊이 이해하는 방법이다. 처음부터 대단한 철학과 멋진 문장을 쓸 순 없다. 느리게 가더라도 매일 한 줄씩 쓰면 된다. 그 과정을 통해 나는 한 걸음씩 나아가며 내 길을 만들어갈 수 있다.

요즘 나는 요가를 배운다. 이완과 호흡, 요가 수련을 통해 몸과 마음을 건강하게 살피고 싶기 때문이다. 아직은 제대로 할 수 있는 동작이 거의 없고, 몸은 여전히 뻣뻣하다. 비슷한 시기에 시작한 사람들이 거뜬히 하는 동작을 나만 제대로 하지 못할 때, 민망하기도 하고 실망스럽기도 하다. 그래도 꾸준히 요가원에 간다. 중요한 건 속도가 아니라 방향이니까.

글쓰기로 깨어나는 중년의 뇌

저녁이 되어도 기온이 떨어지지 않고 후덥지근하다. 시원한 음료 한잔을 마시려고 냉장고 문을 여는 순간 전화벨이 울린다. 얼른 침실로 달려가지만 핸드폰이 보이지 않는다. 소리를 따라가니 침대 위에 있다고 생각했던 전화기는 소파 위에 놓여 있다. 오랜만에 지인과 즐거운 마음으로 통화를 한다. 통화가 끝난 후 반가움의 여운을 느끼며 다시 냉장고를 향한다. 냉장고 문을 여는 순간 생각한다. '근데 냉장고 문을 내가 왜 열었지?'

사무실로 올라가는 엘리베이터를 기다리고 있는데 누군가 웃는 얼굴로 다가와 내게 인사를 건넨다. 나도 반가운 얼굴로 가벼운 인사를 건넨다. 내 얼굴은 웃고 있지만 사실 어디서 본 사람이 전혀 떠오르지 않아 속으로는 몹시 당황스럽다. 이름도 생각나지 않는다. 엘리베이터를 내려 사무실로 걸어가는 동안 얼마 전 인사를 나누었던 다른 부서의 동료임이 떠오른다. 하지만 생각날 듯 말 듯 혀끝에서 맴돌기만 할 뿐 여전히 이름은 기억나지 않는다.

이럴 때 우리는 자연스럽게 생각한다.

'나이가 드니까 기억력도 점점 떨어지는 것 같아.'
'역시, 나이는 속일 수가 없어.'
'예전 같지 않아….'

우리는 보통 나이가 들수록 기억력이 감퇴하며, 인지 속도가 퇴화한다고 느낀다. 하지만 〈뉴욕 타임스〉의 건강 및 의학 전문기자 바버라 스트로치(Barbara Strauch)는 우리의 염려와 달리 마흔에서부터 예순다섯 살의 나이에 해당되는 중년의 뇌가 가장 뛰어나다고 말한다. 물론 중년의 뇌는 정보처리 속도, 단기기억력, 주의력 등에서 이십 대보다 다소 떨어지는 것이 사실이다. 하지만 판단력, 종합적 사고 능력, 어휘력, 직관력, 통찰력은 이십 대보다 훨씬 더 뛰어나다. 중년의 뇌는 다양한 기능 변화가 있다. 젊었을 때처럼 유지되는 능력이 있고, 나이가 들며 쇠퇴하는 기능도 있다. 반면 어떤 능력은 더 좋아지기도 한다. 바버라 스트로치는 나이가 들어도 뇌 기능이 활발하게 작용할 수 있다고 강조한다.

펜실베이니아 주립대학교 셰리 윌리스(Sherry Willis)는 노화와 관련된 인지 능력의 변화를 장기간에 걸쳐 연구했다. 1956년에 시작해서 사십 년이 넘는 기간 동안 진행한 시애틀 종단 연구가 그것이다. 연구팀은 시애틀에 거주하는 이십 세와 구십 세 사이의 다양한 직업을 가진 건강한 남녀 육천 명을 무작위로 선택했다. 칠 년마다 참가자들의 어휘, 언어 기억, 계산 능력,

공간 정향, 지각 속도, 귀납적 추리의 여섯 가지 능력을 추적 조사했다.

연구 결과, 여섯 범주 가운데 어휘, 언어 기억, 공간 정향, 귀납적 추리의 네 가지는 이십 대보다 중년의 뇌가 더 뛰어난 수행력을 보여주었다. 또한 뇌 과학의 여러 연구에 의하면 중년의 뇌는 감정 조절 능력, 위기 관리 면에서 젊은 뇌보다 뛰어나며, 청년기보다 훨씬 긍정적이라고 한다. 우리가 아는 것처럼 중년이 되었다고 해서 뇌의 모든 능력이 감퇴하는 것은 아니며 청년기가 인지적 절정기도 아니다. 중년의 뇌도 어떻게 쓰고 관리하느냐에 따라 얼마든지 달라질 수 있다.

뇌 과학 분야에서 가장 뛰어난 연구 중 하나가 바로 뇌 가소성에 관한 연구일 것이다. 뇌 가소성 혹은 신경가소성이란 뇌의 기능이나 구조가 경험과 자극, 환경에 의해 변화하는 특성을 말한다. 이는 곧 뇌가 훈련을 통해 발달하고 성장할 수 있다는 뜻이다. 나이가 든다고 해서 뇌가 퇴화하거나 기능이 상실되기만 하는 것은 아니다. 뇌 가소성 덕분에 인간은 스스로의 의지로 뇌를 변화시킬 수 있으며 삶의 전반에 걸쳐 배움과 성장이 가능해진다. 쇠약해지고 쪼그라들어가는 우울한 뇌가 아니라 유연하고 활기찬 뇌로 이 시기를 잘 보낸다면, 중년의 뇌도 얼마든지 새로운 도전과 꿈을 향해 나아갈 수 있다.

나이가 들수록 기억력이 감퇴하거나 뇌 기능이 저하될 것이라는 낡은 믿음은 이제 지워버리자. 규칙적인 신체 활동과 몰입의 경험, 새로운 배움, 사회적 관계 맺기, 현명한 스트레스 관리를 통해 스스로의 뇌를 가꾸고 단련한다면 인생의 다음 장은 지금보다 훨씬 더 풍요롭고 다채롭게 펼쳐질 것이다.

나를 돌아보는 글쓰기 실천 노트

- 오늘 하루를 돌아보며 가장 먼저 떠오르는 장면은 무엇인가요? 그 장면을 짧게 적어보고, 그때 느꼈던 감정도 적어보세요.
- 일상 속에서 무심코 지나쳤던 작은 순간들 중, 글로 기록하고 싶은 특별한 장면이 있었나요? 있다면 그 이유는 무엇일까요?
- 나를 행복하게 해주는 '소소하지만 확실한 행복'은 무엇인가요? 그 순간을 떠올리며 짧은 글을 써보세요. (좋아하는 커피 마시기, 산책하기, 음악 듣기…)
- 나를 가장 힘들게 하는 일상의 루틴은 무엇인가요? 그 이유와 해결 방안을 적어보세요.

_____

_____

_____

_____

_____

_____

_____

_____

_____

_____

_____

_____

_____

Chapter 3
메일 쓰는 법, 메일 지키는 마음

두려움과 설렘 사이,
첫 문장을 쓰다

시작은 늘 낯설고, 조금은 떨리는 일

나는 쓸데없는 생각과 사소한 걱정이 많은 사람이다. 생각이 많은 만큼 머릿속은 늘 복잡하고 정작 중요한 실행 앞에서는 자주 망설이고 주저한다. 하기 싫은 업무는 '우선 간단한 일부터 먼저 끝내놓고 하자.'라는 핑계로 미루고, 자신이 없는 일은 '나중에, 지금보다 좀 더 잘하게 되면' 하면서 막연한 기약으로 보류한다. 처음 하는 일이나 부담스러운 도전 앞에서는 '잘 안 될지도 몰라, 지금은 때가 아닐지도 몰라.' 하며 꾸물거릴 합리적인(?) 궁리를 찾는다. 그렇다고 완벽하게 잘하는 것도 아니다. 제대로 하고 싶다는 어설픈 완벽주의와 잘 안 될 것 같다는 두려움 사이에서 나는 매번 첫발을 내딛기를 주저한다.

'글을 쓰고 싶다.'라는 가득한 열망은 커서가 깜박이는 노트북의 빈 화면 앞에 앉으면 하얗게 사라지고, 머릿속이 텅 빈 듯하다. 언젠가 한 번은 글로 써보겠다던 생각은 특별하지도, 굳이 글로 풀어낼 필요가 없는 이야기가 된다. 과연 쓸 수는 있을까 하는 의구심과 한 문장도 쓰지 못하는 자신에 대한 자괴감으로 빈 화면만 하염없이 바라본다. 커피를 홀짝이며 로댕의 생각하는 사람처럼 손으로 턱을 괴고 또 빈 화면을 쳐다보며 괴로워한다. 한 줄도 쓰지 못한 채 시간은 또 그렇게 흐른다. 결국 무거운 마음으로 노트북을 덮는다.

차일피일 글쓰기를 미루기만 하던 어느 날, 짧은 글이어도 한 편의 글을 쓰기 전에는 의자에서 일어나지 않겠다고 다짐하고 카페 한구석에 자리를 잡고 앉았다. 칼 뉴포트(Carl Newport)의 책을 읽은 후, 몇 시간을 끙끙거리며 짧은 글을 썼다. 일기장이나 노트가 아니라 블로그에 적어보기로 했다. 비공개로 일기장처럼 사용하던 오래된 블로그 계정 대신 새로운 계정을 오픈하고 첫 글을 발행했다. 마우스를 눌러 글을 올리기까지 수없이 망설이고 손을 떨었다. '아무도 읽지 않으면 어떡하지?'라는 걱정, '이런 것도 글이라고 올렸나.'라고 누군가 비난할 것 같은 두려움으로 글을 올려놓고도 마음이 갈팡질팡했다.

하지만 새로운 시작에 대한 설렘과 뿌듯함도 동시에 올라왔다. 다음 날 내게는 이백 명 같았던 두 명의 이웃이 공감을 눌러주었다. 그때부터였던 것 같다. 좀 더 자신감을 가지고 글쓰기를 이어갈 수 있었다. '내 글을 다른 사람이 읽는 건 살짝 부담스러워, 아직 글솜씨가 엉망이잖아.'라고 생각했던 첫 마음과 달리 많은 사람이 읽는 이웃 블로그 글들을 눈여겨보기 시작했다. 어떻게 하면 지금보다 더 좋은 글을 쓸 수 있을까 고민하며 책도 읽고, 공부도 했다.

처음부터 잘하는 사람은 없다. 그런데도 성공이나 완벽이라는 것을 목표로 무언가를 시작한다면 결과에 대한 기대만큼 시작은 더 두렵고 어렵다. '한 줄 쓰기', '십 분 글쓰기'처럼 작은 성공을 목표로 시작해도 좋을 것이다. 한 줄 한 줄이 쌓여 한 페이지가 되고, 그 페이지들이 모여 한편의 글이 된다. 일단은 시작해야 하고 그 시작을 이어갈 수 있어야 한다. 지속할 수 있으면 실력은 늘고, 솜씨가 좋아지는 만큼 그 일을 더 좋아하게 될 것이다. 그러면 '나는 쓰는 사람'이라는 스스로에 대한 정체성이 생기고, 그런 사람으로 살기 위해 더 열심히 글을 쓸 수 있다.

'내가 쓴 글을 얼마나 읽어줄까? 지금까지 뭐 하고 살다 이제야 글을 쓴다고 이러고 있는 건가?' 수많은 생각들은 시작을 어렵게 한다. 하지만 그런 생각들은 이 순간 그냥 못 본 체하고 접어둔다. 지금까지 글 쓰는 삶을 살지 않았더라도 상관없다. 그 모든 날이 지금의 나를 만들었고, 쓰지 않고 눌러둔 많은 감정과 생각들이 나를 여기로 데려왔을 테니까. **완벽한 내일이 아니라 오늘, 막연한 나중이 아니라 지금, 거창한 글이 아니라 한 편의 일기라도 지금부터 쓰면 된다.**

어떤 그림을 그릴까? 어떤 글을 쓸까?

몰입 연구의 대가 칙센트 미하이는 창의성의 본질에 대한 흥미로운 통찰을 제시한 적이 있다. 1964년, 그는 사회과학자 제이콥 게첼스(Jacob Getzels)와 함께 시카고 미술대학 학생들을 대상으로 재미있는 연구를 진행했다. 학생들에게는 간단한 과제가 주어졌다. 스케치 수업에 많이 사용하는 여러 가지 정물을 보여주고 그중 한두 가지를 골라 정물화를 그리는 것이었다.

몇 분 만에 사물을 고르고, 바로 스케치를 시작한 학생들도 있었고, 시간이 좀 더 오래 걸린 학생들도 있었다. 그들은 여러 물체를 들여다보고, 이리저리 돌려도 보고, 배치를 달리하며 자세히 살폈다. 그림을 그릴 때도 다른 학생들보다 시간을 더 들였다. 이후 칙센트 미하이는 전문가로 구성된 심사위원들에게 학생들의 작품 평가를 의뢰했다. 전문가들은 칙센트 미하이의 실험을 전혀 모르는 상태였다. 그들은 시간이 더 오래 걸린 그룹의 작품들이 훨씬 더 창의적이라는 평가를 했다. 두 그룹의 차이는 무엇이었을까?

칙센트 미하이는 문제를 바라보고 접근하는 시각의 차이에 주목했다.

비교적 짧은 시간에 사물을 고르고 그림을 그린 그룹은 '어떻게 하면 그림을 더 잘 그릴까?'를 고민한 반면, 후자의 그룹은 '어떤 그림을 그리면 좋을까?'라는 문제에 집중했다. '어떻게 하면 더 잘 그릴까?'라는 생각은 정해져 있는 답을 찾는 것에 가깝다. 반면 '어떤 그림을 그릴까.'라는 질문은 자기가 그리고 싶은 그림은 어떤 것인지 스스로 답을 찾는 과정이라 생각할 수 있다. 이후 진행된 후속 연구의 결과도 흥미롭다. 졸업 후 이 실험에 참여했던 학생 중 절반 정도가 미술계에 종사하고 있었는데, 그중에는 전문 화가로 성공한 사람도 있었다. 미술계에 남아 전문 화가로 성공한 사람들은 대부분 후자의 그룹에 속한 학생들이었다고 한다.

글을 쓰는 작업 또한 비슷하다. 글쓰기에 대한 풍부한 지식이나 뛰어난 기술이 있다고 좋은 글을 쓸 수 있는 건 아니다. 글쓰기는 정답을 찾는 획일적인 과정이 아니다. 자신만의 이야기를 발견하고 표현하는 창조적인 행위다. 내가 쓰고 싶은 글, 내가 쓸 수 있는 글을 쓰면서 자신을 찾아가는 여정이다. 때로는 서툴지만 있는 그대로 진솔하게 쓴 글에서 진심이 고스란히 전달될 때가 있다.

늘 가보고 싶었던 길
나를 위해서 한 번도 가보지 못한 길

- 「학교 가는 길」, 김정애 -

침 묻힌 몽당연필로 아들 이름 동네 이름

꾹꾹 눌러 써본다

- 「때늦은 공부」, 김용녀 -

『엄마의 꽃시』라는 책에 실려 있는 시의 일부다. 평생 글을 모른 채 살다 뒤늦게 한글을 배우신 어르신들이 쓴 글이다. 아이가 입학하고 졸업할 때 내 아이와 함께 가던 길, 손주를 마중하러 가던 그 길. 늘 다른 사람을 위해 가던 '학교 가는 길'을 칠순이 훌쩍 넘은 나이에 비로소 나를 위해 간다. 먹고살기 바빠 공부는 엄두도 못 냈다. 내 이름 석 자도 쓸 줄 모르고 살다 여든이 넘은 나이에 한글 공부를 시작했다. 덕분에 동네 식당 간판도 눈에 들어오고 이제 아들 이름도 쓸 수 있다.

흐릿한 눈이지만 '침 묻힌 몽당연필'로 여덟 칸 공책에 꾹꾹 눌러 글쓰기 연습을 하는 어머니의 모습이 절로 떠오른다. 농사일을 돕고 동생들을 돌봐야 했기 때문에, 여자아이였기에, 가난했기에 학교를 갈 수 없었고 배움의 기회를 놓쳤다. 이제는 귀도 잘 들리지 않고 거동도 쉽지 않지만 지팡이 짚고 학교에 다니며 인생을 다시 살고 있다. 어머니들의 글은 한 줄 한 줄이 그대로 마음이 젖어 드는 시가 된다. 유려하고 세련된 어떤 문장보다 가슴을 울리는 먹먹함과 잔잔한 울림이 있다.

어쩌면 좋은 글이란 멀리 있는 게 아닐지도 모른다. 투박하고 서툰 표현일지라도 자신의 진솔한 이야기라면 충분하다. 누군가에게 감동을 주는 좋은 글을 쓰고 싶다면, '어떻게 하면 잘 쓸 수 있을까?'를 고민하지 말자. 나만의 '몽당연필'로 나는 '어떤 글을 쓰고 싶은가?'를 생각하며 있는 그대로 마음을 담아 자신만의 이야기를 써보자.

아무것도 쓰지 않았던 시간도 소중하다

혹독한 훈련을 거듭해 정상에 우뚝 선 스포츠 선수, 당장의 보상이나 명예가 보장되지 않아도 묵묵히 연구를 이어 가는 과학자, 그 무엇보다 힘든 자신과의 싸움에서 승리한 사람들. 고난에 굴하지 않고 각자의 분야에서 성공을 이룬 사람들의 이야기는 언제나 깊은 울림을 준다. 빛나는 성과 뒤에 숨겨져 있을 그들의 눈물과 땀을 생각한다. 절망과 좌절의 순간에도 굴하지 않고 스스로 만들어냈을 희망을 떠올려 본다. 긍정적인 동기부여와 시작에 대한 자극을 받기도 한다. 하지만 문득 '나는 왜 저기에 이르지 못했을까?', '성실하게 열심히 일했던 것 같은데, 지금까지 내가 이룬 것은 무엇일까?'라는 생각이 올라오기도 한다. 어느 날 우연히 펼쳐 든 책에서 이런 문장을 발견했다.

난 아무것도 쓰지 않고 그냥 살아왔던
시간도 중요하다고 말해 주고 싶어요.

- 호원숙 엮음, 『우리가 참 아끼던 사람』 중에서 -

Chapter 3 매일 쓰는 몸, 매일 자라는 마음

박완서 선생이 문학평론가 박혜경 님과의 대담에서 한 말이다. 늦은 나이에 문단에 데뷔한 작가의 첫 작품은 『나목』이었다. 그동안 꾸준히 작품을 써왔던 사람이 아니었기에 당시 심사를 맡았던 심사위원 중에는 박완서 작가가 꾸준히 작품 활동을 할 수 있을까를 염려했던 사람도 있었다고 한다.

하지만 정작 작가 본인은 하나도 걱정이 되지 않았다고 한다. 그는 한국전쟁의 포화 속에 오빠의 죽음을 겪고, 가족의 생계를 책임져야 하는 시간들을 견디면서도 언젠가는 이 모든 경험을 글로 쓰리라 생각을 많이 했다고 한다. 그리고 그 '언젠가는'이 항상 위로가 됐다고 한다.

하지만 결혼을 하고 다섯 아이를 낳고 양육을 하는 동안 글을 쓸 생각은 전혀 할 수 없었다. 막내가 초등학교에 입학하고 나서야 비로소 글을 쓸 수 있었다. 아이들이 학교에 가 있는 동안 식구들 몰래 틈틈이 쓴 작품이 한 공모전에 당선이 되면서 비로소 문단에 데뷔를 하게 된다.

이후, 자신의 경험을 바탕으로 『그 많던 싱아는 누가 다 먹었을까』, 『그 산이 정말 거기에 있었을까』를 비롯한 작품을 쓰며 왕성한 활동을 이어 나갔다. 시부모님을 모시고 다섯 자녀를 양육하며 주부로서 열심히 사는 동안 그녀는 아무것도 쓰지 못했다. 하지만, 언젠가는 꼭 글로 쓰리라 다짐했던 이야기들은 등단 후, 소설과 산문집을 통해 꾸준히 독자들을 만나는 원동력이 되어주었을지도 모른다.

소셜 미디어를 잠깐만 훑어봐도 나를 제외하고 모두 잘 사는 것처럼 보일 때가 있다. 화려하고 행복해 보이기만 하는 타인의 삶 앞에 초라한 내 현실이 더 부각되어 보인다. 제대로 이룬 게 하나 없이 시간만 보내고 있는 것 같은 마음에 자신도 모르게 움츠러들고, 자신감마저 떨어진다.

하지만 그럴수록 지난 시간이 있었기에 지금의 내가 있음을 잊지 않으려 노력해야 한다. 의미 없는 시간과 경험은 없다. 아무것도 하지 않았던 것처럼 보이는 그 시간도 열심히 일하고, 가족과 이웃을 돌보고 내 몫의 삶을 묵묵히 살아왔음을 잊지 말자. 그 시간이 있었기에 글을 쓰는 오늘의 내가 있다. **아무것도 쓰지 않고 살아왔던 그때의 나에게 귀 기울여 보자. 내게는 나만의 이야기가 있다.**

시간을 내 편으로 만드는 법

월드클래스 축구 선수 손흥민. 그의 이름 앞에는 늘 최고의 수식어가 따라붙는다. 그는 만 열여섯 살의 나이에 독일 함부르크로 스카우트 되며, 본격적으로 유럽에서 축구를 시작했다. 2015년 영국 프리미어리그 토트넘 홋스퍼로 이적하며, 2019년 영국 BBC에서 역대 최고의 아시아 선수로 선정됐다. 2022년에는 잉글랜드 프리미어리그(EPL)에서 아시아 선수 최초로 득점왕을 차지하기도 했다. 그는 여전히 현재 진행형 최고의 선수다.

손흥민 선수가 아버지 손웅정 감독의 지도를 받으며 기본기를 채우는 데만 칠 년의 시간이 걸린 이야기는 유명하다. 방학을 해도 짧은 여행이나 친척 집에 놀러 가는 일조차도 없었다고 한다. 삼백육십오일 쉬지 않고 성실하게 훈련을 한 것이다. 성실하고 철저한 연습, 끊임없는 자기 관리와 훈련이 월드 클래스 손흥민을 만들었다.

어느덧 서른셋의 나이가 된 그는 십오 년 이상 현역 선수로 뛰면서도, 변함없이 훈련과 경기에 임하고 최고의 기량을 펼치고 있다. 직장 생활, 사업, 공부, 어떤 일이든 십오 년 이상 체력과 정신력을 유지하며 최고의 퍼포먼스를 펼치는 것은 결코 쉬운 일이 아니다. 말 그대로 피나는 노력과 훈련, 성실한 자기관리가 필요하다.

JYP 엔터테인먼트 대표 박진영은 1972년생이다. 오십이 넘은 나이에도 여전히 십대 아이돌 가수 못지않은 춤과 노래 실력을 선보이는 그는 대한민국 대표 댄스 가수이자 프로듀서다. 그의 철저한 자기 관리는 몇몇 공중파 방송에 나올 정도로 많이 알려져 있다. 그의 꿈은 만 육십 세까지 무대에서 춤을 추고 노래하며 공연하는 것이라고 한다. 그 꿈을 위해 일주일에 반 이상을 단식과 금식을 하고, 운동, 노래 연습, 취침 시간을 철저히 지키며 규칙적인 생활을 하고 있다. 옷을 고르는 시간을 아끼기 위해 계절마다 입을 옷 두 벌을 정하고 그것만 입으며, 신발도 한 번에 신기 편한 것을 착용한다고 한다. 그는 육십의 나이까지는 자신의 춤과 노래 실력이 계속 늘 것이라 자신한다.

『파친코』의 작가 이민진, 일곱 살에 미국으로 이민을 간 수줍음 많고 말이 없던 소녀는 예일 대학교에서 역사를 공부했다. 조지타운대학교 로스쿨을 졸업하고 변호사의 길을 걷지만 1995년, 변호사를 그만두고 글을 쓰기로 결심한다. 책이 자신을 변화시켰던 것처럼 자신도 좋은 책을 쓰고 싶었다고 한다. 읽고 쓰고 고쳐 쓰길 반복해 십일 년 만에 첫 장편 소설 『백만장자를 위한 공짜 음식』을 냈고, 그리고 다시 십 년 뒤인 2017년, 두 번째 장편 소설 『파친코』가 출간됐다.

열아홉 살 대학생 시절 처음으로 재일 한국인의 역사에 관심을 가졌던 그는 '자이니치'라고 불리는 재일조선인의 이야기를 써야겠다고 결심했다. 이후 삼십 년 가까운 세월 동안 방대하고 치밀한 자료조사와 취재, 공부를 통해 마침내 『파친코』를 만들었다. 소설을 쓰려고 변호사를 그만뒀지만, 계약한 출판사도 돈도 없던 시절, 글쓰기 클래스를 전전하면서도 그녀는 펜을 놓지 않았다. 쓰고 싶은 글에 대한 집요한 끈기가 있었기에 『파친코』와 같은 작품을 쓸 수 있었다. 한 언론과의 인터뷰에서 그녀는 자신은 똑똑한 사람은 아니지만 '버틸 수 있는 힘을 가진 사람'이라 표현하기도 했다.

종횡무진 운동장을 누비는 뛰어난 운동선수, 화려한 무대 위에서 멋진 춤과 노래로 관객을 사로잡는 최고의 아티스트, 전 세계 삼십삼 개국에 번역 출간된 소설의 작가. 그 누구도 하루아침에 그 자리에 이른 것은 아니다. 일 분, 일 초의 작은 시간이 모여 하루가 되고, 하루들이 모여 일 년이 되고 십 년이 된다. 매일 글을 쓰고, 훈련하고, 연습을 하며 자기를 갈고닦은 성실한 시간이 있었기에 지금의 탁월함이 존재한다.

누구나 탁월한 실력으로 자기가 몸담고 있는 분야에 우뚝 서고 싶은 마음이 있을 것이다. 책 『엑설런스』는 대체되지 않는 탁월함에 이르는 아홉 가지 능력을 다룬 책이다. 이 책의 저자 도리스 메르틴은 탁월함이란 '오늘의 상태를 뛰어넘어 더 성장하려는 노력이며, 특정 상태가 아니라 최정상에 가까워지려는 의지 그 자체'라고 정의한다. 그래서 '탁월함은 능력보다 습관'에 가깝다고 말한다. 하루 반 페이지씩 글을 써도 일 년이면 백오십 페이지가 넘는 글을 쓸 수 있고, 하루 두 페이지씩의 독서가 쌓여 일 년이면 삼백 페이지 분량의 책을 두 권은 읽을 수 있다. **성실하게 한 걸음 한 걸음 내딛는 오늘이 축적되어 탁월한 내일의 나를 만들 수 있다.** 이것이 시간을 내 편으로 만드는 가장 현명한 방법이다.

2

나만의
글쓰기 리듬 만들기

하루키, 베르나르 베르베르의 공통점

문학 잡지 〈파리 리뷰〉는 1953년 창간된 이후, 노벨문학상, 퓰리처상, 부커상 등을 수상한 세계적인 작가들을 인터뷰해왔다. 〈파리 리뷰〉와 작가들의 인터뷰 모음집 『작가란 무엇인가』에는 무라카미 하루키, 어니스트 헤밍웨이 등 세계적인 작가들이 어떻게 글을 쓰고, 열정을 이어가는지 작가로서의 삶에 관한 이야기들이 들어있다. 어떤 분야든 최고의 성과를 내는 사람들은 재능이나 기술을 넘어 자기 일에 대한 남다른 의지가 있다. 또한 일상의 주인으로 주도적인 삶을 살아간다. 자신의 잠재력을 끌어내고 세상과 공유하는 가장 좋은 방법은 일상의 루틴을 개발하는 것이다. 그들은 어떤 글쓰기 습관을 지니고 있을까?

『1Q84』, 『해변의 카프카』를 비롯한 작품 대부분이 오십 개 이상의 언어로 번역되었고 세계적으로 많은 팬을 확보하고 있는 무라카미 하루키는 일흔이 넘은 나이에도 꾸준히 작품 활동을 하고 있다. 그는 언론과의 인터뷰에서 자신의 글 쓰는 습관에 대해 이렇게 이야기했다.

"소설을 쓸 때는 네 시에 일어나서 대여섯 시간 일합니다. 오후에는 10킬로미터를 달리거나 1.5킬로미터 수영을 합니다."

가끔은 달리기와 수영을 다 할 때도 있고, 운동 후에는 책을 읽기도 하고 음악을 듣기도 하다가 저녁 아홉 시에는 잠자리에 든다. 어떻게 보면 단순해 보이는 이런 매일의 루틴을 변함없이 유지하고 있다고 한다. 그는 이런 습관이 창작을 위한 깊은 마음 상태를 유지하는 데 큰 도움이 된다고 말한다.

헤밍웨이의 소설 『노인과 바다』에 나오는 주인공 산티아고는 어부다. 하지만 그는 팔십사 일 동안이나 물고기를 한 마리도 잡지 못했다. 그럼에도 그는 매일 새벽 바다로 향한다. 『무기여 잘 있거라』, 『누구를 위하여 종은 울리나』 등의 걸작을 남긴 소설가이자 저널리스트 어니스트 헤밍웨이는 그의 작품 속 산티아고 노인과 닮았다. 그는 소설이나 단편을 쓸 때면 매일 아침 동이 트자마자 일어나 글을 쓰기 시작해 정오 무렵까지 글을 썼다고 한다.

『개미』, 『뇌』, 『신』 등의 작품으로 유명한 소설가 베르나르 베르베르. 그는 삼십 년 동안 삼십 편의 소설을 출간했다. 그는 매년 10월 첫 번째 수요일에 새 소설을 출간하는 것을 규칙으로 하고 있다고 한다. 데뷔작 『개미』를 출간한 1991년부터 지켜온 루틴이라고 한다. 왕성한 그의 작품 활동을 뒷받침하는 것은 규칙적인 글쓰기 습관이다. 그는 삼십 년간 아침 여덟 시부터 열두 시 반까지 하루도 빠짐없이 매일 아침 글 쓰는 습관을 지키고 있

Chapter 3 매일 쓰는 몸, 매일 자라는 마음

다. 오후에는 취재와 자료조사, 그 이외의 활동을 하며 저녁 여섯 시부터 일곱 시까지 단편소설을 쓴다고 한다. 창의력이라는 근육을 키우기 위해서는 훈련이 필요하며, 규칙적인 실천, 멈추지 않고 계속하는 끈기가 중요하다고 강조한다.

　　꾸준히 글을 쓰는 작가들에게는 한 가지 공통점이 있다. 바로 정해진 시간에 규칙적으로 글을 쓴다는 것이다. '꾸준함이 답'이라는 말이 있다. 아무리 뛰어난 재능을 가진 사람이라 할지라도 꾸준히 이어가지 못한다면 그의 잠재력이 빛을 발하는 데는 한계가 있다. 하루 중 자신을 위해 한두 시간을 낼 수 있어야 한다. 갑자기 울리는 전화, 급히 처리해야 하는 업무, 가족과 함께하는 시간에 영향을 받지 않고 오롯이 자신에게 집중할 수 있는 때가 필요하다. 모두가 잠든 깊은 밤일 수도 있고, 세상이 아직 단잠에서 깨기 전인 새벽일 수도 있다. 중요한 것은 매일 쓰는 습관이다. 한 줄을 쓰더라도 일단 매일 빈 백지 앞에 앉는 것이 먼저다. 일단 앉으면 한 줄이라도 쓸 수 있다. 그 한 줄이 한 페이지가 되고, 한 편의 글이 될 것이다.

글은 몸으로 쓴다

인기 웹툰을 원작으로 한 드라마 〈미생〉은 바둑을 매개로 직장인들의 고된 현실과 애환을 섬세하게 그려 많은 이들의 공감을 얻었다. 바둑이 인생의 전부였던 주인공 장그래는 프로 바둑 입단에 실패하게 되면서 한 무역회사에 인턴으로 입사하게 된다. 변변한 학력도 없고, 영어나 제2외국어도 할 줄 모른다. 전화도 간단한 서류 복사도 제대로 하지 못하는 장그래를 동료들은 은근히 무시하거나 투명 인간 취급한다. 하지만 그는 낯설고 힘든 직장 생활을 바둑의 대국에 비유하며 꿋꿋하게 회사 생활에 적응해 간다.

드라마 미생에는 시청자들의 마음을 움직였던 명대사들이 많았다. 그중 하나가 체력의 중요성에 관한 것이다. 그의 바둑 스승은 어린 장그래에게 "이루고 싶은 게 있다면, 체력을 먼저 길러라."라고 강조한다. 스승은 그가 바둑 후반에 번번이 무너지고, 실수를 해도 쉽게 회복하지 못하는 이유는 모두 체력의 한계 때문이라 지적한다. 체력이 약하면 쉽게 지치고 중요한 순간에 집중력을 잃어 결국 '승부 따위는 상관없는 지경'에 이른다. 그러므로 이기고 싶다면 '고민을 충분히 견뎌 줄 몸'을 먼저 만들라고 스승은 당부한다.

글을 쓰는 일 또한 마찬가지 아닐까? 좋은 글을 쓰기 위한 가장 중요한 요소는 아마 매일 꾸준히 쓰는 습관일 것이다. 하지만 매일 글을 쓰는 일은 절대 생각보다(혹은 이미 예상하듯) 쉽지 않다. 업무, 길어지는 회의, 자질구레한 집안일, 가족을 돌보는 일, 일과 사람에 지친 날은 더 피곤하다. 밤에는 손가락 하나 까딱하기도 버겁다.

'내일 새벽에는 꼭 일어나서 글을 써야지.'라고 다짐하지만, 새벽에 일어나 글을 쓰는 일도 어렵기는 마찬가지다. 잠은 항상 부족하고, 정신은 몽롱하다. 잠자리를 떨치고 일어나는 건 엄청난 의지력과 체력이 필요한 일이다. 체력이 약하면 쉽게 지치고 피로해진다. 마음에 들지 않지만 익숙해져서 편안한 현실에 안주하고 타협하고 싶어진다.

떨어지는 체력만큼 의지나 마음도 약해지기 마련이다. 알람이 울려도 바로 일어날 수 없다. 피곤해서, 몸이 너무 무거워서, 오전에 중요한 일을 하려면 잠을 더 자야 해서, 지금 일어나봐야 졸 것 같아서. 일어나지 않아도 될 이유는 수없이 많다. 현실적인 육체의 힘듦 앞에 내 글을 써보고 싶다는 욕망과 쓰는 사람으로 살고 싶었던 바람은 아무 '상관없는 지경'으로 밀려난다.

나이가 들수록 우리 몸은 군살이 붙기 시작하며 근육이 줄어든다. 이곳저곳 불편한 곳도 생겨나며 눈도 침침해지고 집중력도 흐트러진다. 예전 같지 않은 몸을 인지하면 자신감도 조금씩 떨어진다. 떨어지는 체력, 기억력, 자신감을 나이 탓을 하며 시간에 순응해야 할까? 몸과 뇌에 관한 많은 연구에서 밝혀진 사실은, 운동을 할수록 신체뿐만 아니라 뇌도 건강해진다는 것이다. 운동을 하면 우리 뇌에는 마음을 안정시키는 세로토닌, 인지 작용과 관련 있는 노르에피네프린, 행복, 기쁨 등에 역할을 하는 도파민 같은 신경 전달 물질의 분비가 증가한다. 이 신경 전달 물질들은 사고와 감정에 중요한 역할을 하므로 꾸준한 운동은 긍정적 정서, 업무 효율성과 집중력을 높이는 데도 효과가 있다.

꾸준히 글쓰기를 이어가려면 생각처럼 글이 잘 써지지 않아도 포기하지 않고 나아갈 수 있는 인내력이 필요하다. 때로는 현실적이고 냉혹한 비판에도 흔들리지 않고 내 글을 객관적으로 바라보고 수용할 수 있는 강인한 마음이 필요할 때도 있다. 인내력과 강인한 마음은 결국 그것을 담아내는 그릇인 몸에서 비롯된다. 자신의 몸을 잘 관리하고 건강한 체력을 유지하는 일이야말로 오랫동안 글을 쓰며 살아가는 가장 중요한 기반이 됨을 잊지 말자.

잘 하고 싶은 일을 더 잘하게 되는 법

　시간이 나면 종종 도서관에 들르곤 한다. 키보다 높은 서가 사이를 천천히 걸으며 책을 살펴본다. 그러다 문득 마음을 사로잡는 책을 발견하면, 열람실 빈자리를 찾아 자리를 잡는다. 조심스럽게 책장을 넘기는 소리, 적당히 조용한 소음, 목표한 바를 이루기 위해 공부에 열중하는 사람들 속에 앉아 있으면 집중도 잘 되고 어쩐지 나도 뭔가를 열심히 하는 사람이 된 것 같아 뿌듯한 기분이 든다.

　오랜만에 도서관을 찾았다. 읽고 싶었던 책을 빌려서 나오는데 열람실 맞은편에 있는 강의실 문이 열려 있었다. 슬쩍 엿본 강의실에는 수채화 그리기가 한창이었다. 몸을 살짝 앞으로 기울인 채 붓을 들고 각자의 그림에 열중하고 있는 사람들. 그들의 뒷모습을 보며 그림을 배우러 다녔던 오래된 기억을 떠올렸다.

　미술과는 전혀 관련 없는 길을 걸어왔지만 나는 그림에 관심이 많다. 여행지에서 마주치는 이국적인 풍경, 일상의 소소한 모습을 표현한 그림들을 보면 나도 멋진 그림을 그려보고 싶다고 생각하곤 했다. 한참 직장에 다니던 시절, 없는 시간을 쪼개어 수채화를 배우러 다닌 적이 있었다. 퇴근하자마자 저녁도 거른 채 유명한 미술대학 앞에 있는 학원까지 먼 거리를 달려가곤 했다.

하지만 그 배움은 한 학기를 넘기지 못했다. 아무래도 거리가 멀기 때문인 것 같아 회사 근처에 있는 학원으로 옮겼다. 그러나 야근, 회식, 중요하고 바쁜 회사 업무에 수채화 수업은 늘 뒷전으로 밀렸다. 결국 학원을 옮긴지 두 달을 넘기지 못하고 흐지부지 그만두게 되었다. 가끔 미술학원 앞을 지날 땐 '언젠가 시간이 되면 그림을 그릴 것'이라 생각하곤 했었다. 직장을 그만두고 상대적으로 시간이 많아진 요즘에도 나는 그림을 그리지 않는다. 그림 외에도 해야 할 일은 늘 많고 여전히 시간은 없다.

좋아하고 잘한다는 건 무엇을 의미할까? 우연히 조현구 작가의 책에서 이런 글을 읽었다. 소설가 김연수는 기타리스트 이병우에게 어떻게 기타를 잘 치게 되었는지 묻는다. 그 물음에 이병우는 이렇게 되묻고 대답한다.

"어떻게 소설을 잘 쓰게 됐어요?" 김연수가 대답한다. "아무래도 시간이 많았어요." 이병우가 맞장구친다. "나도 마찬가지예요."

- 조현구, 『시간의 말들』 중에서 -

여러 음역을 넘나들며 자기만의 창법으로 듣는 이의 심장을 울리는 가수, 긴 시간을 공들여 문학사에 획을 긋는 작품을 남긴 작가. 누구나 인정할 만한 실력을 갖춘 사람을 만나면 한 번쯤 나도 묻고 싶어진다. "어떻게 그렇게 잘하게 되셨어요?"

그를 최고의 자리에 이르게 한 요인에는 여러 가지가 있을 것이다. 셀 수도 없을 땀방울과 함께한 노력, 꺾이지 않는 인내, 누군가의 격려. 그리고 그 모든 것의 바탕에는 애쓰고 공들인 그의 시간이 켜켜이 쌓여 있을 것이다. 잘하고 싶은 무언가를 위해 하루하루를 다지고 쌓아 올려 만든 그의 정직한 시간. 하나의 음을 능숙하게 연주하기 위해 손가락이 부르트도록 수없이 연습한 시간도 있었고, 썼다 지우기를 반복하며 한 문장을 위해 온종일 고민한 시간도 있었을 것이다. 늘 제자리걸음인 것 같은 실력에 답답하고 앞이 보이지 않는 미래에 불안하고 초조했을지도 모른다.

하지만 좋아하는 마음 하나로 하루도 빠짐없이 악보를 펼치고 연습에 매진했을 것이다. 글을 잘 쓰고 싶다, 아름다운 그림을 그리고 싶다, 기타를 잘 연주하고 싶다는 마음은 누구나 가질 수 있다. 하지만 모두가 원하는 경지에 이르는 것은 아니다. 누구나 똑같이 주어진 스물네 시간을 바탕으로 하루를 보내고 한 달을 보낸다. 하지만, 얼마만큼의 시간을 어떻게 쓰느냐에 따라 우리가 보내는 시간의 밀도는 달라진다. 김연수와 이병우가 말한 시간이 단지 물리적인 시간만을 의미하지는 않을 것이다. 좋아하며 잘하고 싶은 일을 위해 멈추지 않고 꾸준히 노력하려는 마음과 실천이 시간의 질을 결정하는 것이리라.

결국, 잘하고 좋아한다는 것은 어떻게든 자신의 마음과 시간을 거기에

쏟을 수 있음을 의미한다. 그리고 그렇게 쌓아 올린 진정성과 성실이 심금을 울리는 리듬, 아름답고 빛나는 문장으로 누군가의 마음에 가닿는 것이다. 하루라는 시간 속에서 나는 잘하고 싶은 일에 얼마나 시간을 쓰고 마음을 쏟고 있는가? 그저 '잘하고 싶다'라는 생각만 띄엄띄엄하고 있는 건 아닐까? 그래서 언제나 시작을 반복하며 비슷한 언저리를 맴돌고 있는지도 모른다.

글이든 그림이든 마찬가지일 것이다. **좋아하고 잘하고 싶은 일을 위해 기꺼이 시간과 마음을 쓸 때, 비로소 그 일은 더욱 깊어지고 능숙해진다.** 내게 주어진 시간을 무심히 흘려보내지 않길. 당장 해야 하는 일, 급한 일로만 그 시간을 쓰지 않길. 잘하고 싶은 일로 꾸준히 채워 조금씩 나아지는 내가 될 수 있길. 진심과 노력을 쌓아 올려 그 시간을 '나만의 시간으로 승화'시킬 줄 아는 사람이 되길 바라본다.

3

서드 에이지의
특별한 글쓰기

인생의 갈림길에서 그려보는 나의 인생 지도

인생은 직선일까? 곡선일까? 한 방향으로 곧게 뻗은 직선이기보다 등락이 있는 불규칙한 곡선에 가깝지 않을까? 특별한 큰 사건 없이 무난하게 살아가는 것처럼 보이는 누군가의 인생도 자세히 들여다보면 크고 작은 기복이 존재한다. 공부, 취업, 결혼, 사업, 생명의 탄생과 죽음과 같이 심리적으로 큰 영향을 미치거나 물리적으로 인생의 방향을 바꾸게 되는 계기들이 있다. 살면서 겪었던 여러 변곡점 앞에서 나는 어떻게 대처했는가? 그리고 그것은 내 인생에 어떤 영향을 주었나? 다시 그 시절로 돌아간다면 나는 무엇을 바꾸고 싶은가?

인생 그래프는 점과 선을 이용하여, 자기의 삶과 경험을 시각적으로 표현하는 도구다. 아마 한두 번쯤 인생 그래프를 그려본 적이 있을 것이다. 나에게 의미 있었던 일, 인생의 중요한 결정, 영향을 미친 사건을 기록하고, 그 일들이 미친 영향을 심리적, 물리적으로 자세히 살펴보면 자신의 삶을 구체적으로 되돌아볼 수 있다. 깨끗한 종이와 연필을 준비해 인생 그래프를 그려보자. 내 인생에 영향을 미쳤던 크고 작은 사건들을 적으면서 키워드를 정리해 보자.

이 키워드는 사건 자체가 아니라 감정의 원인을 나타내는 단어면 더 좋다. 예를 들어 '대입 실패'라는 사건을 통해 인생의 행복도가 매우 낮았다면 '실패'라고 적기보다는 '최선을 다하지 못함에 대한 후회', '스스로에게 부끄러움'과 같이 구체적으로 적는 것이다. '직장 퇴사'보다는 '성급한 결정', '최고의 선택' 등 퇴사가 내게 미친 영향을 중심으로 적는 것이 자기를 더 객관적으로 바라보는 데 도움이 된다.

이렇게 내 삶에 긍정적, 부정적 영향을 미친 키워드를 찾았다면 이제 비어 있는 나머지 부분을 생각해 보자. 쉰, 예순, 그 이후의 나이에 나는 어떻게 살아가고 싶은가? 헌신적으로 돌봐야 했던 자녀들도 대학, 취업, 결혼 등으로 부모의 곁을 떠날 때가 온다. 바쁜 배우자, 자신의 삶을 찾아 떠나는 자녀를 보며 주부들은 빈 둥지 증후군을 경험하기도 한다.

직장인은 정년퇴직을 앞두고 자존감이 떨어지고 경제적 불안정, 미래에 대한 불안으로 극심한 스트레스를 겪을 수도 있다. 퇴직, 자녀의 결혼, 부모님 혹은 배우자와의 사별, 갑자기 찾아온 질병 등 예고 없이 우리를 찾아올 일은 어쩔 수 없이 존재한다. 이 사건들 앞에 나는 어떻게 의연하게 대처하며, 문제를 해결해 나갈 것인가?

지나간 시간은 이미 흘러간 과거일 뿐 절대 돌아오지 않는다. 우리에게 주어진 시간은 지금, 이 순간뿐이다. 그리고 수많은 지금 이 순간들이 모여 미래를 만듦을 우리는 이미 알고 있다. 인생 그래프는 과거를 돌아보며 후회하거나 과거의 성취에 만족하기 위해 그리는 것이 아니다. 또 다른 변곡점으로 다가올 미래를 좀 더 구체적으로 기획하고 현재를 잘 살아내기 위함이다.

인생 그래프에는 아직 우리가 그리지 못한 나머지 시간이 펼쳐져 있다. 그 시간에 나는 어떤 기회와 선택을 만들고 싶은가? 아흔, 백 세의 나이가 되어 인생 그래프를 그리게 될 때, 어떤 그림을 그리길 원하는가? 어떤 모습으로, 어떤 일을 하며, 누구와 함께 살아가고 싶은가? 내가 바라는 내 인생의 모습을 상상해 보자. 내가 그리고 싶은 내 인생의 변곡점을 당당하게 그려보자.

글쓰기의 첫걸음, 잘 읽기

좋은 글을 잘 쓰기 위한 첫걸음은 잘 읽는 것이다. 읽기와 쓰기는 새의 양 날개와 같다. 한쪽 날개로만 날 수 없는 것처럼 읽기와 쓰기는 서로 긴밀하게 연결되어 있으며, 분리된 행위가 아니다. 읽기, 쓰기는 언어를 익히는 핵심 기술이자, 커뮤니케이션의 기본이다. 다양한 분야의 텍스트를 많이 읽으면 어휘력, 문장력, 사고력이 향상되며, 정보를 이해하는 힘이 커진다. 또한 새로운 지식의 습득, 문화적 이해를 넓히는 데도 도움이 된다.

많이 읽으면 다양한 텍스트를 더 많이 접할 수 있고, 좋은 글을 보는 안목도 생긴다. 그것은 곧 쓰기 능력으로도 연결된다. 물론 많이 읽고, 잘 읽는 기준은 개인마다 다를 수 있다. 자신의 환경과 생활 패턴에 따라 읽기의 방법은 조금씩 다르겠지만 대체로 다음과 같은 방식의 읽기를 권하고 싶다.

— 꾸준하게 읽는다

보통 성인은 한 해 동안 몇 권의 책을 읽을까? 2024년 4월 문화체육관광

부가 '2023 국민 독서실태' 결과를 발표했다. 이 자료는 전국 만 십구 세 이상 성인 오천 명과 초등학생(사 학년 이상) · 중학생 · 고등학생 이천사백 명을 조사한 것이다. 자료에 따르면 우리나라 성인의 연간 종합 독서량은 네 권에 못 미친다. 물론 이보다 많이 읽는 사람도 있고, 더 적게 읽는 사람도 있다. AI를 비롯한 디지털 기술이 발달할수록 독서의 중요성은 커지며, 책을 많이 읽어야 한다고 이야기한다.

책을 얼마나 읽어야 하며, '많이'의 기준은 몇 권일까? 독서의 기준은 개인마다 다를 수 있으므로 목표도 달라야 한다. 일 년에 한두 권도 읽기 힘든 사람이 갑자기 백 권을 읽기는 힘들다. 백 권 읽기, 천 권 읽기를 따라 하다 자칫 책에 대한 흥미를 잃게 되거나 '내가 그렇지!'하고 좌절할 수도 있다. 하루 십분 책 읽기, 작년보다 한 권 더 읽기도 괜찮다. 중요한 것은 꾸준히 읽는 것이다. 많이 읽으려면 꾸준히 읽어야 한다.

새벽, 잠들기 전과 같이 조용한 시간도 좋고, 점심시간이나 출퇴근 시간을 활용하는 것도 좋다. 다만 대체로 점심시간이나 출퇴근 시간은 갑자기 약속이 잡힐 수도 있고, 복잡한 대중교통을 이용해 출퇴근하는 사람이라면 여의찮을 수도 있다. 그래서 많은 사람들이 권하는 시간이 새벽이나 밤이다. 새벽에 일어났을 때 머리가 더 맑고 집중이 잘된다면 새벽 시간을, 잠들기 전 저녁 시간에 책이 눈에 더 잘 들어온다면 그 시간을 활용하면 된다. 매일 일정 시간을 정해놓고 꾸준하게 읽으면 된다. 혼자 하기 힘들다면 독서 모임을 찾아 함께 읽는 것도 좋은 방법이다. 잊어버리지 말아야 하는 것은 '꾸준히'!

— 끝까지 읽지 않아도 괜찮다

성공한 많은 사람들이 공통으로 강조하는 것이 독서다. 책을 읽어야겠다고 생각은 하지만 완독에 대한 부담 때문에 선뜻 시작하지 못하거나 어려운 책을 피하는 사람도 있다. 책은 생각과 아이디어, 소통을 위한 도구이지, 목적이 아니다. 그러므로 모든 책을 끝까지 읽지 않아도 괜찮다. 책의 목차와 저자 서문을 먼저 읽으며, 필요한 부분을 찾고, 그 부분을 발췌해서 읽어도 때로는 충분하다. 발췌독은 말 그대로 책, 논문 등에서 필요하거나 중요한 부분만 발췌해서 읽은 방법이다. 당연히 좋은 책은 끝까지, 여러 번 읽는 것이 좋다. 모든 책을 발췌해서 읽을 수는 없다. 다만 정해진 시간에 읽어야 하는 정보가 많을 때, 논문, 연구자료 등을 집필하며 참고 자료를 많이 봐야 할 때 유용하게 활용할 수 있는 방법이다.

— 관심 있는 분야의 책을 열 권 이상 읽는다

관심 분야 혹은 업무와 관련된 책 열 권 이상 읽으면 그 분야에 대한 지식을 확장하고 통찰력을 키울 수 있다. '습관'이라는 주제의 책도 저자에 따라 전개 방식과 핵심 내용은 다르다. 습관의 중요성을 역설하는 책이 있고, 좋은 습관을 지속하는 방법을 강조한 책, 정체성과 시작을 강조하는 책도 있다. 우리가 책을 읽는 이유 중 하나는 생활의 변화다. 습관에 관한 책을 읽는다고, 바로 좋은 습관을 만들 수 있는 것은 아니다. 나쁜 습관을 끊고 좋은 습관을 시작하는 것은 누구나 어렵다.

뇌 과학이나 심리학의 관점에서 이 사실을 이해한다면, 내게 맞는 근본적인 변화에 대해 고민할 수 있다. 좋은 습관을 지속하기 위해 내게 적합한 환경을 조성하고, '매일 책 읽는 사람'으로 정체성을 만들려고 애쓴다면 성공할 가능성이 훨씬 더 높을 것이다. 관심 분야 혹은 자기 일과 관련된 책은 내가 하는 업무 분야의 큰 그림을 볼 수 있게 한다. 계속 발전하는 새로운 지식과 기술을 익힘으로써 내 역량을 확장하고, 문제해결력과 창의성을 키울 수 있다. 독서는 현장 경험과 이론을 겸비한 전문가로서 나의 능력을 키울 수 있는 지름길이다.

—— 책을 읽은 후에는 정리한다

독일의 심리학자 헤르만 에빙하우스(Hermann Ebbinghaus)는 사람들이 학습한 후 시간이 지남에 따라 공부한 내용을 얼마나 잊는지에 관한 연구로 유명하다. 그의 연구에 따르면 학습 직후 이십 분 이내에 가장 많은 망각이 일어나며, 한 시간이 지나면 오십 퍼센트 이상의 내용을 기억하지 못한다. 에빙하우스의 연구는 기억을 유지하려면 의식적인 반복 학습이 중요함을 시사하고 있다.

좋은 책은 깊은 울림과 감동을 준다. 하지만 아무리 좋았던 내용도 시간이 지나면 잊어버리기 마련이다. 중요한 내용을 잘 기억하고 생활에 적용하려면 기록이 중요하다. 책에 직접 메모를 남겨도 좋고, 작은 노트나 메모 앱, 소셜 미디어를 이용해 기록해도 좋다. 책을 읽은 후 기록을 남기는 습관은 책의 내용과 감상에 대한 기억, 정리, 책을 더 깊이 이해하는 데도 도움이 된다. 시간이 어느 정도 지난 후, 읽었던 책의 내용을 다시 확인할 때도 유용하며, 쌓여가는 기록을 보며 읽기에 대한 동기 부여도 된다.

─ 좋은 책은 천천히 여러 번 읽는다

어린 시절 읽었던 헤밍웨이의 『노인과 바다』를 얼마 전 다시 읽었다. 내 기억 속 『노인과 바다』는 낡은 배의 주인이자 고기도 잘 낚지 못하는 가난한 노인의 이야기일 뿐이었다. 뼈만 남은 청새치와 함께 집으로 돌아온 주인공이 안쓰럽고 애처로웠지만 이해할 수는 없었다. 이름도 잘 기억나지 않던 노인은 성인이 되어 다시 읽었을 때, 비로소 내게 '산티아고'가 되었다.

팔십사일 동안이나 고기를 한 마리도 낚지 못했음에도, 새벽이면 어김없이 일어나 바다로 향하는 산티아고. 상처와 경련, 졸음을 이겨가며 자신의 배보다 훨씬 더 큰 청새치를 잡은 산티아고. 피 냄새를 맡고 몰려오는 상어 떼와 맞서 끝까지 청새치를 지키려 분투하는 산티아고. '살라오'의 불명예를 씻고 그의 자부심을 살려줄 청새치가 뼈만 남았음에도 절망하지 않고 의연한 산티아고.

그에게서 나는 주어진 삶의 무게를 묵묵히 견디며 앞으로 나아가는 꿋꿋한 삶의 태도를 보았다. 어떤 상황에서도 빛을 잃지 않는 형형한 눈빛을 보았다. 산티아고를 통해 저자 헤밍웨이의 삶을 생각해 보기도 하고, 갈등과 고통에 취약한 나를 돌아보기도 했다. 좋은 책은 여러 번 읽으면, 이전에 보지 못했던 새로운 관점을 발견하기도 하고, 스토리, 시대 배경, 등장인물에 대한 이해가 깊어지기도 한다. 새로운 통찰과 의미를 발견하기도 하고 옛 친구를 만났을 때처럼 친숙함과 편안함을 느끼기도 한다. 새로운 자극과 동기가 필요할 때, 책장에 꽂혀 있는 오래된 책을 다시 읽어보자. 좋은 책은 여러 번 읽을수록 가치를 더하는 소중한 존재다.

좋은 글은 좋은 문장에서부터

좋아하는 작가들의 책을 읽다 보면 오래 기억하고 싶은 문장을 종종 발견한다. 그럴 땐 얼른 노트를 꺼내 또박또박 필사를 한다. 한 글자 한 글자 천천히 적으며 소리 내어 읽을 때도 있다. 그냥 읽었을 때보다 문장이 더 깊이 와 닿으며, 문장이 내 몸을 통해 흡수되는 느낌도 든다. 함께 밥을 먹으며 누군가와 더 친해지듯 그 문장과 더 가까워진 느낌이 든다. 무엇을 써야 할지 막막할 때 나는 주로 필사를 한다.

> 내 머리로 들어온 '작가의 생각'이 손끝으로 나가는 동안, 그게 무엇이든
> 흔적을 남긴다.
>
> - 김선영, 『따라 쓰기만 해도 글이 좋아진다』 중에서 -

필사는 흔히 글이나 문장을 단순히 옮겨 쓰는 행위로 여겨지곤 한다. 하지만, 마음에 남는 문장을 적는 이 단순한 작업에는 우리가 생각하는 그 이상의 의미가 있다.

한 줄 한 줄 마음에 남는 글과 문장을 적다 보면, 눈으로만 읽었을 때와는 전혀 다른 차원으로 글이 내게 다가온다. 작가가 고른 단어 하나, 쉼표 하나도 눈여겨보게 된다. 미처 발견하지 못했던 의미를 발견하기도 하고, 작가의 철학과 가치관, 문체를 더 가까이서 배우는 것 같은 느낌이 들 때도 있다.

필사에 재미가 붙으면, 자연스레 좋은 책과 좋은 작가의 글을 찾아 읽게 되고, 정성 들여 써보고 싶은 문장 또한 늘어난다. 자연스럽게 책을 많이 읽게 된다. 문장을 곱씹어 읽으며 적다 보면 문장력과 어휘력이 향상되는 것은 물론이고 필력까지 갈고 닦을 수 있다. 그래서 강원국 작가, 소설가 신경숙 등 많은 작가가 필력을 쌓는 방법으로 필사를 권하기도 했다.

컴퓨터를 이용해 더 빠르게 쓸 때도 있지만 손으로 직접 쓰는 아날로그 방식을 나는 더 좋아한다. 좋은 문장을 천천히 옮겨 적다 보면 소란스럽던 마음이 차분해지며 쓰는 행위 자체만으로 휴식과 위로가 될 때도 있다. 그래서 필사를 '손으로 하는 명상'이라고 하는지도 모른다.

필사할 때 중요한 것은 좋은 책을 고르는 일이다. 처음 필사를 시작할 때는 가볍고 편안하게 읽을 수 있는 책이 좋다고 한다. 보통 나는 내가 좋아하는 작가의 작품이나 그때그때 읽고 싶은 책을 선호한다. 무라카미 하루키, 김훈, 신형철, 박웅현, 백수린, 김신지, 은유 등 다양한 작가의 책을 고른다. 짧은 시간에 부담 없이 필사할 수 있을 정도의 문장을 아끼는 노트에 정성 들여 옮겨 적는다.

뛰어난 문장에 감탄하며, 내 부족함을 느끼기도 하지만 글을 통해 새로운 시각을 얻을 때가 더 많다. **좋은 문장은 나로 하여금 타인과 세상을 더 넓은 시선으로 바라보게 이끌어 준다.** 필사를 통해 좋은 문장을 배우고 익히는 만큼 내 인식의 폭은 깊고 넓어질 것이다. 부족함을 채우려는 노력을 통해 나는 좀 더 나은 글을 쓰게 될 것이라 믿는다.

나를 돌아보는 글쓰기 실천 노트

- 글쓰기를 꾸준히 지속하기 위해 나에게 가장 필요한 것은 무엇이라고 생각하나요? (시간, 장소, 습관, 누군가의 격려 등)
- 나만의 글쓰기 루틴을 생각해보고 구체적으로 적어보세요. (매일 새벽 5시 30분부터 20분간, 따뜻한 차 마시기, 거실 책상에서…)
- 글쓰기를 꾸준히 하기 위해 나에게 줄 수 있는 가장 효과적인 보상은 무엇인가요?
- 글쓰기가 막힐 때, 나만의 해결 방법은 어떤 것이 있나요? (산책, 서점 방문, 다른 글 읽기…)
- 좋아하는 작가 혹은 나의 글쓰기 롤 모델은 누구인가요? 그 이유는 무엇인가요?

_____

_____

_____

_____

_____

_____

_____

_____

_____

_____

Chapter 4

글로 나를 꺼내는 여섯 날

1

오늘을 기록하는
작은 습관

희망 없인 쓰지 않는다

샤워하고, 따뜻한 차 한 잔을 들고 책상 앞에 앉는다. 다이어리로 일정을 정리하고, 간단한 일기를 쓰며 하루를 마무리한다. 옛날에는 일기장을 이용했지만 이제는 노트북을 이용할 때도 많다. 특별한 일이 있거나 쓸 내용이 많을 때, 생각과 감정의 정리가 필요할 때, 노트북을 켜고 일기를 쓴다. 워드나 한글 파일에 긴 일기를 쓰면서 생각들을 정리할 수 있다.

이런저런 생각들을 쓰다 보면 머릿속이 개운하게 정리될 때도 있고 내가 느끼는 불편하고 불분명한 감정들이 선명하게 모습을 드러내기도 한다. 뒤죽박죽 섞여 있는 여러 일의 우선순위가 보이며 가장 먼저 해야 할 일을 판단할 수 있게 되기도 한다. 하지만, 이렇게 컴퓨터에 저장된 일기는 다시 읽어보는 경우가 거의 드물었다.

분명 뭔가를 하며 하루를 보낸 것 같은데, 손에 잡히는 결과물도 없이 순식간에 시간이 흘러가 버릴 때가 있다. 하루, 일주일, 한 달을 좀 더 근거리에서 구체적으로 보고 싶은 마음이 생겼다. 그래서 매일 밤 노트북 대신 다

이어리에 짧은 일기를 남기기 시작했다. 최근 몇 달 사이에 몸이 아프면서 체력이 달리는 날이 많았고, 이른 저녁부터 쓰러져 자는 날이 많았다.

수면과 휴식이 필요함에도 그런 날이 반복될 때는 마음이 힘들었다. 각자 자리에서 열심히 하고 있는 친구들을 보며, 부러움과 조급함이 동시에 올라오기도 했다. 하지만 일기를 쓰며 무심히 흘러가는 날도 그냥 지나가지는 않았음을 알아차리게 되었다. 바쁜 와중에도 가끔 안부를 물어주는 친구들이 있었음을, "밥은 먹었어?"라고 묻는 친구의 전화에 마음이 따뜻해지는 순간이 있었음을 알게 되었다. 당연한 듯 여겼던 부모님과 가족에 대한 감사함, 무탈한 일상의 소중함, 몸에 관심을 기울이며 건강을 회복해가는 시간에 감사함을 느꼈다. 마음에 여유가 없을 땐, 누군가의 호의도 온전히 좋은 마음으로 받아들이지 못하는 모습을 보기도 했다.

일주일간의 일기를 읽으면서 지난 한 주가 한눈에 보이고, 한 달의 기록을 이어 보면서 내 감정의 흐름과 반복적인 상황, 내가 자주 내뱉는 말을 한발 물러서서 볼 수 있었다. 대체로 나는 체력이 달릴 때, 의욕도 떨어지고 마음의 여유가 없어진다. 일상을 무심하게 흘려듣고 허투루 지나치기 일쑤다. 짧게라도 매일 글을 쓰면서 잊어버렸던 어제의 감사함을 기억하게 되고, 한 달의 시작과 한 해의 마지막에 내가 했던 매운 다짐들도 되새기게 되었다. 특별한 것 없는 평범한 하루도 모아 놓고 보니 소중하고 의미 있는 시간이 되었다. 무엇보다 매일 뭔가를 꼼꼼하게 기록하는 습관이 생겼다.

사람들은 보통 힘들 때 일기(글)를 많이 쓴다. '힘들다, 괴롭다, 언제까지 이렇게 해야 할까?' 끝날 것 같지 않은 힘든 상황을 글로 쓰는 것은 그 시기를 지나 보내는 가장 현명한 방법일지도 모른다. 일기를 쓴다는 것, 뭔가를 글로 쓴다는 것은 우리에게 어떤 의미가 있을까? 복잡한 감정이나 정리되지 않는 생각들을 글로 적으면, 정신없이 어질러진 책상을 정돈하는 것처럼 차분하게 생각이 정리되기도 한다. 힘든 시간을 위로받기도 한다. 한 방송 프로그램에서 법의학자 이호 교수님은 이런 멋진 말로 일기의 의미를 이야기했다.

뭔가 나에 대한 기록을 남긴다는 건 미래를 생각하는 거거든요.
희망 없인 일기를 쓰지 않아요.

- 법의학자 이호 -

비록 일기장에는 '절망적이다, 앞이 보이지 않는다.'라고 적을지언정 일기를 쓰고 있는 행위 자체가 이미 더 나은 미래의 자기를 희망하는 행위인 것이다. 특별한 일이 없어도, 그저 밥 먹고, 출근하고 묵묵히 자기의 일을 해낸 평범한 하루여도 내 하루를 기록하는 것만으로도 충분히 의미 있다. 매일 쓰는 것이 힘들다면, 그냥 넘어갈 수 없을 것 같은 날만이라도 기록으로 남겨보자. 힘들었던 시간의 기록도 기쁘고 행복했던 순간의 기록도, 소소한 일상의 기록도 좋다. **뭔가를 쓰고자 애쓰는 나는 자신을 아끼고 사랑하는 사람이다. 좋은 삶을 살겠다는 의지와 내일에 대한 희망을 놓지 않는 사람이다.**

사랑하는 사람 대하듯 나를 대한다

서로에게 그리고 자신에게 친절하시길

그리고 그 친절을 먼 미래의 우리에게 잘 전달해 주시길 바랍니다.

- 허준이 교수, 필즈상 수상자, 서울대 졸업식 축사 중에서 -

자신을 사랑해야 한다고 말한다. 어릴 땐 자신을 사랑하는 건 그냥 당연한 일이라 생각했었다. 하지만, 나이가 들수록 자신을 진짜 사랑하는 일이 어렵다는 걸 깨닫게 된다. 스스로를 사랑한다는 건 어떤 의미일까? 자신이 좋아하는 것, 하고 싶은 것을 하며, 마음대로 사는 것일까? 나를 향한 무조건적 수용과 지지를 보내는 것일까?

누군가를 사랑하고 존중할 때 우리는 어떤 모습일까? 사랑하는 이의 말을 귀 기울여 듣고, 그의 마음을 이해하려 애쓴다. 그와의 약속을 지키려 노력하고, 그가 자기 삶을 잘 가꾸어 나갈 수 있도록 묵묵히 지지하고 응원한다. 나를 사랑한다는 것은 마치 사랑하는 사람을 대하듯 나를 대하는 일과 다르지 않을 것이다. 있는 그대로 나를 수용하고 존중하며, 나에게 친절한 것이다.

사랑하는 연인, 헌신적인 부모, 자녀, 친구. 내가 사랑하고 존중해 주어야 할 사람은 많다. 하지만 모든 관계의 중심에는 그 누구보다 뜨겁게 사랑해주어야 할 내가 있다. 삶에서 내가 진정으로 원하는 것이 무엇인지 궁금해하고, 그것을 이뤄 나갈 수 있도록 곁에서 든든하게 지지하고 격려해 줘야 한다. 실수와 실패를 반복할 수도 있고, 긴 노력 끝에 결과가 좋지 못해도 '괜찮아, 아직 너에게는 시간이 충분히 있어.', '너는 가능성이 있는 사람이야.'라고 스스로를 믿고 다독여 주어야 한다.

자신에게 엄격하고 완벽을 추구하는 사람일수록 스스로에게 인색하고 자신을 모질게 몰아붙이기 쉽다. 어쩌면 지금, 이 순간 나의 따뜻한 격려와 진심 어린 위로가 절실하게 필요한 사람은 그 누구도 아닌 바로 자기 자신일지도 모른다. 현재 상황을 객관적으로 인식하고, 나를 더 사랑할 수 있도록, 내가 내 삶에 더 너그러워질 수 있도록 노력해야 한다. 내면의 목소리에 귀 기울이고, 스스로에게 친절을 베푸는 일이야말로 나를 향한 사랑의 시작이며, 더욱 성숙한 나로 나아가는 밑거름이 될 것이다.

한국인 최초로 수학계의 노벨상이라 부르는 필즈상을 수상한 허준이 교수. 현재 프린스턴 대학교 수학과 교수이자 한국 고등과학원 석학 교수이기도 하다. 2022년 필즈상 수상 후 한국을 방문했을 때, 그는 모교인 서울대에서 졸업식 축사를 했다. 졸업식에서 흔히 들을 수 있는 격려, 당부의 말이나 필즈상을 수상하기까지 역경 극복의 스토리 대신 그는 조용하고 담

담한 메시지를 전했다. 무심히 반복되는 날들의 소중함, 함께하는 사람들에게 감사함, 그리고 무엇보다 '서로에게 그리고 자신에게 친절하라.'라는 그의 말을 들으며 **친절이야말로 자신에 대한 존중이자 사랑의 표현**이 아닐까, 생각해 본다.

내가 쓸 수 있는 이야기는 반드시 있다

'소시지의 짭조름~한 맛과 가래떡의 쫄깃~한 맛'

　한 방송 프로그램에서 개그맨 이영자 님이 휴게소에서 많이 볼 수 있는 음식인 '소떡소떡'을 이렇게 표현했다. 같은 맛 표현도 이영자가 하면 다르다며 함께 참여했던 패널들도 감탄했다. 방송을 보던 나도 입에 침이 고이며 좋아하지도 않는 '소떡소떡'이 갑자기 먹고 싶어졌다. 이영자 님의 방송을 볼 때마다 느끼는 것은 그는 음식을 진심으로 좋아하고 맛에 대한 철학과 애정이 남다르다는 점이다. 사람들에게 맛있는 음식을 대접하는 것을 좋아하고, 맛있게 먹는 사람을 보며 행복해하는 모습을 볼 수 있다. 음식에 대한 애정과 진심이 그의 맛 표현에 저절로 묻어난다. 음식에 일가견이 있는 미식가도 아니요, 요리엔 소질도 없는 나는 상상할 수 없는 표현이다.

　사람은 음식, 음악이나 영화 등 그게 무엇이든 간에 자신이 관심 있고 애정이 있는 것에 관해 말할 때, 자기 생각을 더 생생하고 설득력 있게 전달

할 수 있는 게 아닐까? 글을 어떻게 써야 할지, 어떤 주제를 써야 할지 막막하다면, 내가 좋아하는 것, 잘하는 것 또는 다른 사람보다 관심이 더 많은 분야에 주목해보자.

예를 들어 보이 그룹 BTS(방탄소년단)를 열렬히 좋아하는 사람이 BTS에 관한 이야기를 쓴다고 가정해 보자. 생각만 해도 흐뭇하고 입가에 미소가 번질 것이다. 일곱 명 멤버 한 사람 한 사람의 얼굴을 떠올리며 애정을 담아 그들의 이야기를 쓸 것이다. 노래 가사 한 소절에 담긴 의미와 세계관, 무대에서의 화려한 퍼포먼스, 무대 뒤 그들의 숨은 노력과 이야기까지 진심을 담아 쓸 수 있다.

빌보드에 진입할 정도로 인기 있는 BTS라 할지라도, 그들을 잘 모르는 사람은 분명 존재한다. 일곱 멤버의 얼굴을 구분하는 것도 어렵고 그의 눈에는 다른 보이 그룹과 비슷해 보일 수도 있다. BTS를 잘 모르는 나 같은 사람이 그 글을 읽는다면, 방탄소년단이라는 그룹 이름의 의미, 각 멤버들의 목소리와 얼굴이 비로소 의미 있게 다가올 수 있다. 왜 많은 사람들이 BTS에 열광하는지, 음악을 통해 BTS가 전하고 싶은 가치를 이해하게 되고, 아마 또 다른 아미(A.R.M.Y: BTS의 팬클럽 명)가 될지도 모른다.

좋아하는 것부터 먼저 쓰기 시작하면, 단순한 취향이나 호불호를 넘어 그 이유를 이해하게 된다. 내가 그것을 왜 좋아하는지, 반대로 어떤 것은 왜 싫어하는지, 근본적으로 내가 가치 있다고 생각하는 것은 무엇인지, 타인의 어떤 면에 끌리는지를 깨닫게 되기도 한다. BTS가 팬들과 공감하고 소통하는 방식을 좋아할 수도 있고, 노래에 담긴 신념과 진정성에 끌렸을 수도 있다. 혼신의 힘을 쏟은 노력과 실력으로 승부를 겨루는 압도적인 퍼포먼스 때문에 좋아할 수도 있다. 어떤 이유든 그것은 나 또한 그 가치를 높이 평가한다는 뜻이며, 현재의 내 삶에서 결핍을 느끼고 있는 어떤 요소의 방증일 수도 있다.

내가 어떤 분야에 관심이 있고 다른 사람보다 무엇을 더 잘 표현할 수 있는지 잘 모를 수도 있다. 그럴 땐 일상의 질문에서부터 먼저 출발하는 것도 좋다. '평소 어떤 음악을 즐겨 듣는가?', '즐겨보는 방송 프로그램이나 책은 어떤 장르인가?', '여유 시간에 주로 하는 활동은 무엇인가?' 취향이나 습관부터 먼저 생각해 보자. 그리고 왜 그것을 좋아하는지, 그 활동이 내게 어떤 의미가 있는지 찬찬히 글로 풀어보자. 좋아하는 것, 잘하는 것부터 하나씩 쓰다 보면 나를 좀 더 잘 들여다보게 되고, 글을 쓸수록 나를 더 이해하고 좋아하게 된다. 진심을 담아 내가 전하고 싶은 이야기를 쓰다 보면 내가 가장 잘 쓸 수 있는 내 이야기를 쓸 수 있을 것이다.

2

책을 읽고
마음을 쓰다

책 읽기, 깊이를 더하는 일

 난 문학평론가 신형철 님의 책『인생의 역사』라는 책을 좋아한다. '나는 인생의 육성이라는 게 있다면 그게 곧 시라고 믿고 있다.'라는 깊은 울림을 주는 문구와 함께 박서보 화백의 그림으로 디자인된 표지 또한 인상적이다. 신형철 님이 심혈을 기울여 고른 스물다섯 편의 시와 그에 대한 섬세한 해석, 작가와 삶에 대한 저자의 깊은 사유가 담겨 있다. 처음 이 책을 손에 들었을 때는 '신형철 시화(詩話)'라는 부제를 보며『인생의 역사』라는 책 제목이 시화집과 어딘가 어울리지 않는다는 생각을 했다.

 나는 인생의 육성이라는 게 있다면 그게 곧 시라고 믿고 있다. 걸어가면서 쌓여가는 건 인생이기도 하니까. 그런 의미에서 인생도 행과 연으로 이루어지니까.

- 신형철, 『인생의 역사』 중에서 -

 하지만 서문에 있는 작가의 글을 읽으면서 왜 제목이『인생의 역사』인지

어렴풋하게나마 이해할 수 있었다. 목차를 읽고, 책을 읽을수록 『인생의 역사』라는 심오한 제목에 깊이 빠져들게 되었다. 이 책의 목차는 1부 '고통의 각', 2부 '사랑의 면', 3부 '죽음의 점', 4부 '역사의 선', 5부 '인생의 원', 부록 '반복의 묘'로 구성되어 있다. 목차의 제목이 곧 우리 인생의 서사를 압축적으로 보여주는 듯하다.

그리고 저자가 '가장 오래된 고통'이라 칭한 '공무도하가'부터 시작되는 책을 읽으면 시는 삶에 대한 끊임없는 물음이자 깊은 슬픔이며 따뜻한 위로이자 감사가 되고, 한 편의 철학이 된다. 저자는 서문에서 '우리는 어떤 일을 겪으면서, 알던 시도 다시 겪는다.'라고 표현한다. 제목부터 서문, 목차까지 꼼꼼하게 읽으면 책의 깊이와 울림이 더해진다. 더 이상 '시'는 '시'가 아니다. 천천히, 음미하며 반복해서 또 읽어야 하는 산문이 된다.

평소 '시'를 잘 읽지 않지만 이 책을 읽으며, 나는 시를 읽고 싶어졌고, 행간의 의미를 더 깊이 이해하고 싶어졌다. '시를 겪는다.'라는 작가의 표현을 곱씹으며, 살면서 마주치는 경험에 대해 조금은 겸허하게 그리고 감사하는 마음을 가지게 되었다. 신형철 작가의 서문이나 목차, 제목에 대해 깊이 고민하지 않았다면 읽다 포기했을지도 모를 책이다. 하마터면 이렇게 좋은 책을 놓칠 뻔했다.

책을 읽을 때 우리는 흔히 책의 내용에 집중하려는 경향이 있다. 그러다 보니 본문 읽기에 급급해 종종 간과하는 부분이 있는데 바로 표지, 목차 그리고 저자 서문이다. 집을 지을 때 중요한 것 중 하나는 건축설계도이다. 설계도에는 대지면적, 건축면적, 기둥의 위치 등 중요한 정보부터 집의 평면도, 단면도를 비롯한 전체적인 집의 구조를 짐작할 수 있는 모든 정보가 들어 있다.

책에서 표지, 서문과 목차는 이런 설계도의 역할을 한다고 볼 수 있다. 표지는 책의 내용을 함축적, 상징적으로 나타내는 이미지를 디자인으로 사용하는 경우가 많다. 책의 내용을 상징적으로 보여주는 대표 이미지와 흥미를 불러일으키는 한두 줄의 소개 문구를 정리한 것이 표지다. 책의 제목과 이미지를 보며 내용을 유추해 보고, 저자가 말하고 싶은 핵심 내용은 무엇일지 생각해 보면 훨씬 더 흥미롭게 책 읽기를 시작할 수 있다.

해마다 연말이면 다음 해 주목받을 트렌드 키워드를 알려주는 김난도 교수의 『트렌드 코리아』라는 책이 있다. 김난도 교수 연구팀은 매년 트렌드를 대표할 키워드를 뽑아 제목을 정하고, 표지 색깔도 바꾸어 디자인하고 있다. 2025년 을사년(乙巳年)은 푸른 뱀의 해다. 뱀은 환경 적응력이 뛰어나며 매우 발달된 감각기관을 가지고 있는 동물이다.

변화의 시대에 잘 적응하며 살기 위해 뱀의 예민한 감각이 필요하다는 의미에서 『트렌드 코리아 2025』는 2025년의 영문 키워드를 'SNAKE SENSE'로 정했다. 뱀이 가진 공포와 숭상의 이중성을 의미하는 초록과 오렌지의 '그라데이션'으로 표지를 디자인했다. 지난 2024년 갑진년은 청룡의 해였다. 『트렌드 코리아 2024』에서는 '화룡점정'의 의미를 담아 책의 부제를 'DRAGON EYES'로 정했다.

또한 청룡의 해를 상징할 수 있도록 곤룡포의 청색과 용 새김의 황금색으로 표지를 디자인하였다. 이런 의미를 알고 책의 표지를 보면 책의 디자인과 카피가 새롭게 다가온다. 또한, 해마다 출간되는 『트렌드 코리아』 책의 표지와 부제를 눈여겨보는 재미를 느낄 수 있다.

한편, 책의 목차는 책의 전체 흐름과 글의 구성을 한 눈에 볼 수 있는 뼈대와 같다. 작가가 책을 통해 이야기하고 싶은 내용, 전개 방식을 짐작할 수 있게 한다. 학습이나 지식 정보와 관련된 책은 목차를 통해 지식의 위계 구조를 알 수 있고, 단원 간 연결성도 이해할 수 있다. 책을 다 읽고 난 후 다시 목차를 읽으면 책의 내용을 다시 정리할 수 있는 장점도 있다. 서문, 프롤로그를 통해 책에 대한 저자의 생각, 책을 쓰게 된 동기, 의도, 다른 책과의 차이점 등을 알 수 있다.

저자의 생각, 글을 쓰게 된 이유를 이해하면, 책의 제목, 목차 구성, 저자가 선택한 어휘 하나도 허투루 보지 않게 된다. 책 내용을 더 잘 이해할 수 있으며, 저자의 생각에 더 깊이 공감하기도 한다. 책을 읽다 어려운 내용을 만나더라도 덜 헤매게 된다. 책 『위대한 서문』은 작가 장정일이 세계 유명 저자들의 서문을 엮어 만든 책이다. 이 책에서 그는 '제목이 압축 파일이라면 서문은 그것을 푸는 암호'라 표현하며, 한 번 읽고 말 것이 아니라 여러 번 읽을 것을 권하기도 했다.

읽으려고 하는 책이 있는가? 그렇다면 책의 내용이 아니라 먼저 표지부터 천천히 앞뒤를 번갈아 가며 세심하게 들여다보자. 전체적인 색깔과 디자인, 표지 그림이 있다면 이미지가 주는 상징적인 의미는 무엇일지 가만히 생각해 보자. 처음 읽는 저자의 작품이라면 저자 소개도 꼼꼼히 읽고 이 글을 쓰게 된 배경, 주로 어떤 글을 써왔는지 알아보는 것도 좋다.

서문을 읽으며 책에 담긴 메시지를 가늠해 보고, 목차를 훑어보며 전체적인 책의 흐름과 어떤 내용이 펼쳐질지 상상해 보는 것도 흥미로운 과정일 것이다. 궁금한 점이 있거나 중점적으로 읽어야겠다고 생각되는 부분은 메모해놓고 읽기를 시작하자. 한 권의 책을 훨씬 더 짧은 시간에 깊이 이해하며 몰입해 읽게 되는 특별한 경험을 하게 될 것이다.

문장을 마음에 남기고 싶을 때

    도서관 서가에서 올더스 헉슬리의 『멋진 신세계』 책을 발견했다. 유명한 고전 작품은 인기가 많아 대부분은 대출 중인 경우가 많은데 웬일이야 하는 반가운 마음으로 냉큼 빌려왔다. 갑자기 기온이 많이 떨어져 날이 춥다. 이런 날씨엔 책과 함께 달달하면서도 따뜻한 코코아가 제격이다. 뜨거운 코코아 한잔과 함께 책상 앞에 앉아 빌려온 책을 기대 가득한 마음으로 펼쳤다. 아뿔싸…. 몇 장 읽지 않아 이미 읽었던 책임을 알게 되었다. 더 기가 막힌 건 반갑고 기쁜 마음으로 빌려온 책이 떡하니 책장에 꽂혀 있었다는 사실이다.

    이럴 때가 가끔 있다. 읽었던 책을 기억하지 못하고 다시 읽거나, 있는 줄 모르고 같은 책을 또 구입하게 되는 그런 경우. 대개는 읽었지만 책 제목이나 내용을 또렷이 기억하지 못할 경우, 가끔 일어나는 해프닝이다. 몇 페이지를 넘기다 그제야 낯익은 문장을 알아차리곤 한다. 가끔은 읽었던 것 같긴 한데 내용이나 흐름이 전혀 기억나지 않는 경우도 있다.

그래서 언젠가부터는 읽었던 책의 제목과 저자, 읽은 기간을 다이어리 뒤편에 기록하기 시작했다. 읽었던 책을 모르고 다시 읽는 일은 피할 수 있었으나 가끔 내용이 잘 떠오르지 않을 때가 있었다. 그래서 중요한 단어나 내용도 몇 줄 적기 시작했다. 핵심 단어나 한두 줄의 내용을 짧게라도 적으면서 읽은 책에 대한 기억이 훨씬 더 오래감을 알게 되었다.

시간이 흐르면서 자연스럽게 좋은 문장은 노트에 필사도 하게 되고, 블로그에 내 생각이나 느낌을 적는 소소한 습관도 생겼다. 물론 지금도 읽었던 모든 책의 내용을 완벽하게 기억하지는 못한다. 하지만 노트를 펼치거나 블로그 글을 읽으면, 책의 내용이나 감상을 되새겨 볼 수 있다.

아무리 좋았던 책도 시간이 지나면 잊어버리기 마련이다. 읽었다는 사실은 어렴풋하게 기억하지만 내용은 희미하다. 때로는 같은 책을 읽으면서, 과거에는 어떤 생각과 느낌이었는지 현재의 감정과 비교해 보고 싶을 때도 있다. 이럴 때 기록이 큰 도움이 된다. 그러므로 책을 읽었다면, 기록하는 습관이 중요하다. 책 제목과 읽은 날짜만 간략하게 기록할 수도 있고, 짧은 독후감을 적을 수도 있다. 독서 노트 혹은 소셜 미디어를 이용할 수도 있다. 편하고 오래 할 수 있는 방법을 찾으면 된다. 중요한 것은 소중한 독서 경험을 흘려보내지 않도록 잡아주는 기록이다.

보통 책을 읽고 기록하는 방법으로 우리가 많이 알고 있는 것이 독후감과 서평이다. 서평도 넓은 의미에서는 독후감에 포함될 수 있다고 한다. 하지만, 형식, 내용, 전개 방식에 있어 독후감과 서평은 조금 차이가 있다. 독후감이 책에 대한 내용과 감상을 주관적으로 비교적 자유롭게 쓰는 글이라면, 서평은 독후감에 비해 객관적, 사실적이며, 일정한 형식을 따라 쓰는 글이다.

엄격한 형식을 구분하여 쓰기보다 자유롭게 글을 쓰는 경우가 많으므로 우리가 주로 쓰는 글은 독후감과 서평의 중간쯤에 해당하는 리뷰 글이 될지도 모르겠다. 형식보다 더 중요한 건 시작이다. 블로그든 독서 노트든 일단 내 생각을 써보는 것이 중요하다. 쓰다 보면 생각을 더 발전시키고 확장할 수 있다. 책의 내용을 더 깊이 이해하게 되며, 읽을 때는 몰랐던 사실을 다시 알게 되기도 한다. 그냥 읽기만 했다면 휘발되고 말았을 생각을 좀 더 오래 붙들 수 있으며, 인상 깊었던 내용은 쓰면서 한 번 더 되새겨볼 수 있다.

자유로운 형식으로 써도 좋지만 좀 더 객관적이고 체계적인 사고력을 기르고 싶다면, 서평 형식으로 써보는 것도 좋다. 책의 종류, 길이에 따라 형식도 조금씩 다르지만 서평에는 보통 '제목, 책 내용 요약, 발췌, 소감'이 들어간다. 핵심적인 몇 줄로 책 내용을 요약하려면 내용을 정확히 이해해야하며, 저자의 의도를 파악하는 것이 중요하다.

그러므로 책을 읽고 기록하겠다고 생각하면 일단 읽는 태도부터 달라져야 한다. 많이 읽는 것도 좋지만 깊이 읽기, 제대로 읽기가 도움이 된다. 궁금한 점이나 인상 깊었던 부분은 줄을 긋거나 메모를 남기기도 하고, 이해가 잘 안 되는 부분은 반복해서 읽어야 한다. 집중해서 꼼꼼하게 읽으면, 내용을 더 정확하게 이해하게 되고 쓰면서 생각을 정리하고 확장할 수 있다. 그냥 눈으로 읽기만 했을 때보다 책을 읽는 속도는 느릴 수 있지만 질문하고 생각하는 능력, 핵심 파악 능력은 분명히 향상될 수 있다.

책을 읽고 난 후 모든 책을 일정한 형식으로 기록하기는 쉽지 않다. 하지만 짧은 한두 줄의 리뷰나 기억하고 싶은 내용을 발췌하는 것부터 시작해 기록으로 남기는 것은 좋은 습관임에 틀림이 없다. 깊이 있는 독서 경험을 온전한 나의 것으로 만들기 위해, 책을 읽고 나서 일단 써보자.

블로그,
세상과 연결하는 작은 창

블로그라는 바다에 첫발을 담그다

디지털 기술이 발전하고 온라인을 통한 커뮤니티와 배움이 확장되면서, 우리는 정보를 탐색하고 이웃과 소통하는 방식에서 큰 변화를 경험하고 있다. 이제는 다양한 온라인 플랫폼을 통해 자기 생각이나 이야기를 글, 이미지, 영상 등으로 얼마든지 공유할 수 있고, 표현할 수 있다. 하지만 이러한 온라인 활동의 가장 기본 토대는 역시 글쓰기다. 여러 온라인 서비스 중 어렵지 않게 시작할 수 있으며 글을 중심으로 소통할 수 있는 플랫폼이 바로 블로그다. 블로그에 글을 쓰는 것은 우리에게 어떤 긍정적인 영향을 가져다줄까?

─ 꾸준히 쓰며 발견하는 새로운 세상

온라인에 글을 써보겠다는 결심이 작심삼일에 그치지 않고 이어지려면 몇 가지 요소가 필요하다. 그중 하나는 내 글을 읽어주는 독자의 존재와 함께 글을 쓰며 소통하는 이웃이다. 블로그는 이런 조건을 충족하며 온라인 글쓰기의 훌륭한 발판이 되어 준다. 블로그를 이용하면 온라인 환경에 익숙하지 않은 사람도 특별한 형식 없이 쉽게 글을 쓰고 발행할 수 있다.

　온라인 글쓰기의 장점 중 하나는 내 글을 읽어주는 누군가와의 연결이다. 꾸준히 업데이트되는 이웃들의 글을 읽으며 긍정적인 자극을 받고 글쓰기를 지속하는 힘을 얻을 수 있다. 온라인 글쓰기는 아무도 보지 않는 일기장에 내 마음을 털어내는 것과는 결이 조금 다르다. 내 글을 읽는 사람이 있다는 점이 아마 가장 큰 차이일 것이다. 그래서 글을 다듬는 과정이 꼭 필요하다. 그 과정에서 내 상황과 감정을 한 발 뒤로 물러서서 돌아보게 된다. 공감할 수 있는 표현, 적당한 어휘를 찾으며 언어 감각을 키울 수도 있다.

　처음 블로그에 글을 발행하는 사람이라면, '누가 읽을까?' 혹은 '너무 많은 사람이 내 글을 읽으면 어떡하지?', '이런 글을 올려도 될까?' 등 걱정과 두려움, 부담감이 들 수 있다. 우리는 유명한 전문 작가도 아니고, 완벽한 문학 작품을 목표로 하는 것도 아니다. 편안한 마음으로 일단 꾸준히 글 쓰는 습관을 만드는 일이 더 중요하다. 그리고 글을 써보면 의외로 사람들은 내 글에 큰 관심을 갖지 않는다는 것을 곧 알게 된다. 그러니 타인을 지나치게 의식하지 말고, 편안하게 글을 써보자. 꾸준히 글을 쓰며 글쓰기 실력도 키울 수 있다. 또한 꾸준히 쓰다 보면 관심 있는 주제에 대해 깊이 고민하게 되고, 어떤 방향으로 블로그를 키워보고 싶은지 성장 방향도 생각하게 된다. 필요한 경우 이웃과 소통할 수도 있고, 배움을 통해 실력을 보완할 수도 있다.

매일 혹은 주기적으로 글을 쓴다는 것은 시간과 마음이 필요한 일이다. 바쁘고 정신없이 하루를 보내다 보면 차분하게 글을 쓸 여유나 시간이 부족하다. 생활이 불규칙할수록 일정한 시간에 쓰는 습관을 들여야 중간에 그만두지 않고 쓰기를 이어갈 수 있다. 직장인이 처음 목돈을 마련할 때 가장 좋은 방법은 저축이다. 이때 명심해야 할 사항은 필요한 소비를 다 하고 남는 금액을 저축하는 것이 아니라, 일정액을 저축한 후 소비생활을 계획하는 것이다.

시간도 비슷하다. 시간이 날 때 글을 쓰겠다고 생각하면 여간해서는 글쓰는 시간을 갖기가 어렵다. 그래서 하루 중 일정한 시간을 정해놓고 쓰는 습관이 가장 좋다. 새벽, 아침도 좋고, 오후 시간이 여유가 있다면 그 시간도 괜찮다. 자신의 생활 리듬과 건강 상태를 고려해 스스로에게 집중할 수 있는 시간이라면 언제든 좋다.

중요한 것은 반드시 한두 줄이라도 글을 쓰거나 쓰기에 도움이 되는 활동을 한다는 약속을 지키는 일이다. 매일 글을 쓰면 좋겠지만, 쉽지 않다면 요일을 정해놓고 일주일에 두세 번 글을 발행하는 방법도 있다. 블로그를 잘 활용하면 매일 글 쓰는 습관을 만들 수 있을 뿐만 아니라 규칙적인 생활 습관까지 자연스럽게 얻을 수 있다.

— 글이 이어준 뜻밖의 만남

블로그 활동을 하다 보면 나와 비슷한 주제에 관심이 많은 사람들을 만날 수 있으며, 커뮤니티를 통해 직접 교류할 수도 있다. 나는 책 읽기를 좋아한다. 그동안은 책을 읽으면 노트에 기록으로 남기던 것을 블로그에 공유하기 시작했다. 읽은 책, 좋아하는 전시회에 대한 간단한 리뷰 그리고 일상에 대한 느낌을 기록하곤 했다. 꾸준히 글을 남기고 싶어 블로그를 시작했지만, 혼자 글을 쓰는 일은 생각보다 쉽지 않았다.

어느 날 이웃의 글을 읽다 우연히 블로그 모임을 알게 되었고, 용기를 내어 참여까지 하게 되었다. 매일 글을 올리고 함께하는 멤버들의 글을 읽으며, 서로 격려하고 응원해 주는 것이 큰 힘이 되었다. 혼자였으면 힘들었겠지만, 함께하는 누군가가 있어 글쓰기를 꾸준히 이어갈 수 있었다.

요즘은 꾸준한 블로그 활동을 통해 자신을 알리고 책을 출간하거나 관련 분야의 강의를 하는 사람도 많이 볼 수 있다. 블로그와 커뮤니티를 통해 자기라는 브랜드를 확장하고 새로운 기회를 얻을 수 있는 것 또한 블로그의 큰 장점이라 할 수 있다.

내일도 쓰고 싶은 이야기를 찾다

사진이나 영상이 기본인 다른 플랫폼과 달리 블로그는 '글'을 중심으로 소통하는 공간이다. 따라서 블로그 운영의 기본적인 토대는 탄탄한 글쓰기 능력이라 할 수 있다. 매일 새로운 글을 발행하기는 어려워도 꾸준히 규칙적으로 글을 올리는 습관은 중요하다. 그러기 위해선 글을 쓰는 목적과 이유가 있어야 하며, 관심 있는 주제가 있어야 한다.

블로그를 운영하는 목적과 이유, 전하고 싶은 주제가 분명할수록 꾸준히 쓸 수 있는 가능성이 높아진다. 가장 좋은 주제는 역시 자신이 좋아하고 잘할 수 있는 분야다. 관심은 있지만 잘 모르는 주제라면 매번 공부하고, 자료를 조사해서 글을 쓰기가 어려울 수도 있다.

일상의 경험부터 영화, 책, 공연·전시, 음악, 미술, 방송, 건강·의학, 어학·외국어, 반려동물에 이르기까지 블로그 글을 올릴 수 있는 분야는 다양하다. 여러 분야 중 내가 가장 좋아하고 친숙하며 잘 쓸 수 있는 주제를 몇 가지 떠올려 보자. 식물에 관심이 많고, 시들시들 죽어가던 화초도 내 손을 거치면 생기를 머금고 다시 살아난다면 '식물 가꾸기'를 주제로 정하는 건 어떨까? 작은 꽃 화분 하나도 제대로 가꾸기를 힘들어하는 사람에게는 유용한 정보를 제공할 수 있을 것이다.

간단한 재료를 이용해 따뜻하고 맛있는 한 끼 음식을 뚝딱 만들어 낼 수 있다면, '집에서 할 수 있는 간편 요리'를 주제로 자신만의 레시피와 노하우를 공유할 수 있다. 사업, 프로젝트를 시도했지만 실패했다면 그 경험과 실패를 통해 알게 된 사실을 공유하는 것도 좋은 주제가 된다. '미세스 찐'이라는 필명으로 블로그를 운영하고 있으며, 『나는 매일 블로그로 출근한다』의 저자인 한혜진 작가는 '지금의 내 관심사, 내 생활과 밀접한 관련이 있는 것, 내가 경험할 때마다 즐거워하는 것, 나를 힘들게 하는 것'에서 주제를 찾아보라 권한다. 나는 별 것 아니라고 생각하는 취미도 꾸준히 글을 올리기만 한다면 관심 있는 누군가와 얼마든지 소통할 수 있다.

내가 쓰고 싶은 글, 의미 있는 글쓰기의 주제는 무엇인가? 일상, 영화, 책, 드라마, 운동, 다이어트 등 좋아하는 분야를 정해보자. 한두 가지 주제를 중심으로 규칙적으로 글을 올리고, 이웃 블로거들의 글을 자주 읽고 소통하는 것도 중요하다. 타인의 글을 읽으며, 좋은 표현이나 효과적인 전개 방식도 배울 수 있고 유용한 정보를 얻을 수도 있다. 관련된 책을 공부하는 것도 내 글의 방향, 글감, 구성 방식을 찾는 데 도움이 된다. 블로그 글은 나 혼자 보는 개인적인 글이 아니다. 누구나 읽을 수 있는 공개적인 글이다. 주제에 대한 정확한 정보와 자료 조사는 필수다. 부지런히 공부하고 배우는 자세는 블로그를 통해 글쓰기 습관뿐 아니라 글쓰기 실력을 키우는 데도 좋은 태도다.

마음을 담아 글을 쓰는 법

블로그 글은 책과는 다르다. 사람들은 주로 스마트 폰, 컴퓨터, 태블릿 화면을 통해 글을 읽는다. 화면을 스크롤하며 정보를 탐색할 때 우리는 읽기 편하고 짧은 글을 선호한다. 내용이 많거나 긴 문장이 나열되어 있으면 망설임 없이 뒤로 가기 버튼을 누를 것이다. 흥미로운 영상과 눈을 사로잡는 이미지를 쉽게 소비할 수 있는 만큼 긴 글에 대한 집중력과 인내력은 점점 짧아지고 있는 것이 현실이다. 따라서 효과적인 블로그 글쓰기를 위해서는 사람들이 관심을 가질만한 매력적인 제목, 핵심이 잘 드러나는 글의 구조, 일관된 메시지가 무엇보다 중요하다. 다음과 같은 몇 가지 유의 사항을 참고해 보자.

—— 짧고 간결한 문장을 쓴다

짧고 간결한 문장이 읽기 편하고 맥락을 이해하기도 쉽다. 모호함이나 오해의 소지가 줄고 핵심 메시지에 더욱 집중하게 하는 효과가 있다. 문장을 쓴 후 눈으로만 읽지 말고, 소리 내어 읽어보자. 내가 쓴 문장을 귀로 들으며 중복되거나 불필요한 표현을 한 번 더 확인할 수 있다. 짧고 명확하게 나눌 수 있다면 하나의 긴 문장보다 명료한 문장으로 나누어 쓰는 것이 좋다.

—— 불필요한 표현은 피하고, 핵심을 남긴다

'의', '것', 형용사나 부사는 너무 많이 사용하지 않아야 하며 같은 단어의 반복은 피하는 것이 좋다.

그때, 땀을 흘리며 한 남자가 빠른 걸음으로 열심히 걸어오고 있었다. 얼굴과 옷은 땀으로 온통 가득 젖어 있었고, 땀으로 젖은 얇은 티셔츠가 배에 달라붙어 거친 호흡과 함께 움직이는 것이 배가 더 도드라져 보였다. 그러나 그는 나온 배를 내밀고 당당히 땀에 젖어 걸어오고 있었고 그의 얼굴은 뭔가 오늘도 해냈다는 뿌듯함과 자부심이 가득했다.

그때, 한 남자가 땀을 흘리며 걸어오고 있었다. 얼굴과 옷은 땀투성이였다. 땀에 젖은 티셔츠가 달라붙은 불룩한 배는 호흡을 할 때마다 더 도드라져 보였다. 하지만 그는 나온 배를 당당하게 내밀고 걸어왔다. 그의 얼굴에는 오늘도 뭔가 해냈다는 뿌듯함과 자부심이 가득했다.

불필요한 조사와 '열심히', '온통', '가득' 비슷한 수식어를 생략해도 이해가 잘 된다. 긴 문장은 짧은 문장으로 나누어 쓰니 훨씬 문장이 명확해졌다.

그것은 자신이 원하는 미래의 자신을 향해 다가서는 일인 것이다.

그것은 자신이 원하는 미래를 향해 다가서는 일이다.

중복된 단어 사용, '것'이라는 의존 명사를 줄이니 문장이 훨씬 간결해졌다. 문장 앞부분에 나오는 '그것'은 전체 문맥의 내용을 고려하여 바꿔주면 핵심이 더 잘 드러날 것이다.

—— 시각적인 요소를 적극 활용한다

블로그는 텍스트로만 구성된 공간이 아니다. 때로는 한 장의 사진, 짧은 영상이 백 마디 말보다 더 강력한 메시지를 전달할 때가 있다. 일 년 동안 성실하게 다이어리를 썼다면, '매일 꾸준하게 다이어리를 적었다.'라고 쓰는 것도 좋다. 하지만 그동안 기록한 다이어리 사진이나 짧은 영상을 함께 올린다면 독자들에게 더 구체적이고 생생한 감동을 전할 수 있다.

책 리뷰를 쓴다면 표지사진, 목차 이미지 등을 첨부하여 독자의 이해를 돕고 흥미를 유발할 수 있다. 카페 방문 후기에는 아늑한 분위기가 잘 느껴지는 사진, 맛있는 음료, 메뉴판 사진과 함께 영업시간, 찾아가는 방법 등의 정보를 제공하는 것이 독자들에게 실질적인 도움을 줄 수 있다.

블로그에 사용하는 이미지는 본인이 직접 찍은 사진을 이용하는 것이 가장 좋다. 만약 글과 어울리는 적당한 사진이나 이미지가 없다면 무료로 사용할 수 있는 이미지 사이트를 이용하는 방법도 있다. 복잡한 개념을 간단하게 잘 보여줄 수 있는 이미지, 시각적인 매력과 집중력을 높일 수 있는 적절한 이미지와 영상을 잘 활용해 보자.

블로그는 쓰고 싶은 글, 알려주고 싶은 정보, 내 성장의 기록을 저장하고 쌓을 수 있는 유용한 서비스다. 내가 기획하고 운영하며, 나의 성실성을 축적하고 알릴 수 있다. 이웃과 소통하고 내 생각을 키우고 확장할 수 있으며, 이를 통해 나와 세상을 새롭게 바라보게 되기도 한다. 글쓰기에 대한 부담으로 아직 망설이는 분이 있다면, 블로그 글쓰기부터 시작해 보라고 권하고 싶다.

나를 돌아보는 글쓰기 실천 노트

- 최근 접했던 책이나 영화(드라마) 중 인상 깊었던 구절이나 대사가 있었나요? 그것에 대한 자신의 생각이나 감상을 자유롭게 적어보세요.
- 나를 가장 잘 나타내는 단어나 문장 5개를 골라 적어보고, 그 이유를 간단하게 설명해보세요.
- 나만의 관심사나 경험을 바탕으로 블로그 글을 쓴다면 어떤 주제로 글을 쓰고 싶은지 생각을 적어보세요.
- 내가 잘 할 수 있는 글쓰기 플랫폼을 선택하고, 어떻게 활동하고 싶은지 계획을 세워보세요. (브런치, 블로그, 인스타그램…)

Chapter 5
서드 에이지, 나를 확장하는 몽상을

1

불가능한 꿈,
계속 쓰는 이유

돈키호테처럼 다시 꿈꾸는 용기

　스페인의 한적한 시골 마을 라만차에 오십 내의 가난한 귀족 키하노라는 사람이 살고 있었다. 그는 기사 소설 읽기를 좋아했다. 경작지까지 팔아 책을 사들일 정도로 기사들의 이야기에 심취했다. 밤낮으로 읽고 또 읽던 어느 날 아침, 그는 마침내 책을 읽으며 내내 동경해 왔던 기사의 삶을 직접 살기로 결심한다.

　무엇이든 시작하려면 역시 '장비빨'이 중요하다. 그는 다락방에서 증조할아버지 때부터 전해 내려온 갑옷과 투구, 칼을 찾아 때 빼고 광을 낸다. 정의롭고 멋진 기사에 걸맞은 이름도 정한다. '라만차의 돈키호테'(정의로운 기사의 출신지 정도는 알고 있어야 한다는 생각에 붙인 이름이다). 기사에게는 충성이나 자신의 진실한 사랑을 맹세할 존재가 있어야 법. 그래서 짝사랑하던 옆 동네 알돈사 로렌소를 '둘시네아'로 이름 붙여 사랑과 헌신을 바칠 대상으로 정한다. 마침내, 그는 칠월 어느 새벽, 드디어 영웅적인 기사의 모험을 찾아 길을 나선다.

　『돈키호테』는 미겔 데 세르반테스가 1605년에 쓴 소설이다. 1부는 1605

년에 2부는 1615년에 출간되었다. 『돈키호테』는 2002년 노르웨이 노벨연구소가 세계 최고의 작가 백 명을 대상으로 실시한 설문에서 '문학 역사상 가장 위대한 작품'으로 꼽히기도 했다. 연극, 오페라, 뮤지컬 등 다양한 장르로 재탄생되며, 오늘날에도 많은 사람의 사랑과 관심을 받고 있다.

1965년 브로드웨이에서 초연된 작품 〈맨 오브 라만차〉는 소설 『돈키호테』를 각색해 만든 뮤지컬이다. 뮤지컬을 보지 못한 사람이라도 극 중 주인공 돈키호테가 부른 〈The Impossible Dream〉이라는 곡은 한 번쯤 들어보았을 것이다. 사백십구 년 전 탄생한 돈키호테는 어떻게 오늘날까지 사람들의 마음에 여전히 남아있을까? 책을 읽다 미쳐버린 엉뚱하고 무모한 돈키호테가 모험을 통해 우리에게 전하는 메시지는 뭘까? 〈The Impossible Dream〉을 들으며, 시간을 거슬러 돈키호테의 의지를 생각해 본다.

"To dream the impossible dream, To fight the unbeatable foe…"

돈키호테는 햄릿과 함께 자주 비교가 되곤 한다. 한 사람은 행동가, 한 사람은 철학자다(『돈키호테』의 작가 세르반테스와 『햄릿』의 작가 셰익스피어는 각각 유럽을 대표하는 작가다. 이들은 태어난 해는 다르지만 1616년 4월 23일, 같은 날 세상을 떠났다고 한다. 유네스코는 이날을 세계 책의 날로 지정했다). 어린아이가 행복하고 가벼운 이유는 지금, 이 순간 하고 싶은 놀이에 집중할 수 있기 때문이다.

자라면서 우리는 점점 더 많은 사회적 규범, 타인의 시선, 의무와 책임 속에 둘러싸여 살게 된다. 어느새 돈키호테 같은 열정은 사라지고, 생각 많고 복잡한 햄릿이 된다. 살아가는 데는 행동도 필요하고 철학도 필요하다.

하지만 아무리 높은 뜻을 가진 철학이라 할지라도 행동 없이는 소용이 없다. 기사 돈키호테의 삶은 늙고 초라한 시골 귀족 키하노의 이상(理想)이었다. 그 이상을 통해 불의에 맞서 정의로운 세상을 열어가고 싶은 것은 그의 오랜 꿈이었다. 소설 속 키하노는 이미 오십 대의 노인이다. 그 시대의 평균 수명을 생각해 보면 요즘 칠·팔십 대 노인과 비슷하다고 할 수 있다. 뭔가를 꿈꾸고 행동하기에 그는 이미 나이가 많고 현실적 기반도 없다.

하지만 그는 현실에 안주하지 않고 기어이 험난한 모험의 길을 떠난다. 돈키호테가 결국 우리에게 이야기하고 싶은 것은 불가능하지만 꿈을 꾸고, 닿을 수 없는 별일지라도 손을 뻗으라는 것이 아닐까? 그는 현실에 발 딛지 못하는 이상주의자, 무모한 행동주의자일지도 모른다. 하지만 사람은 꿈꾸기 위해 태어난 존재다. 꿈을 향해 한 걸음씩 앞으로 나아가는 것이 삶이다.

이제는 이룰 수 없을 것 같아 가슴 깊숙이 접어둔 채 체념한 꿈이 있는가? 현실이라는 벽에 부딪혀 중간에 포기한 꿈이 있는가? '현실을 무시할 수는 없어, 내 처지에 너무 어려운 일이야, 지금은 힘들지만, 나중에 언젠가는…' 애써 외면하며 남겨 두고 온 그 수많은 꿈은 지금 어디에 있는가? 지금의 내 모습은 내가 꿈꾸어왔던 그 모습과 얼마나 멀리 떨어져 있는가?

우리는 종종 최악의 상황에서도 포기하지 않고 기어이 꿈을 이뤄낸 사람들의 이야기에 감동하고 열광한다. 할 수 없다고, 불가능하다고 묻어두었지만, 우리의 가슴 속에는 그 꿈을 향해서 달려가고 싶은 열망이 어딘가 살아 숨 쉬고 있기 때문일 것이다. 우리는 결코 멈춰 서 있는 존재가 아니다.

변화하고, 움직이고 꿈꾸며 나아가는 역동적인 존재다.

현실에서 조금만 노력하면 이룰 수 있는 것을 꿈이라 부르지는 않는다. 그건 꿈이라기보다 목표에 가깝다. 도저히 불가능해 보이고 이룰 수 없어 보이기에 꿈이 된다. 불가능해 보이지만 꿈꾸고, 그것을 향해 나아가는 삶. 실패하고 넘어지며, 설사 이룰 수 없다 해도 그 과정에서 우리는 삶의 진정한 의미와 의지를 깨닫게 된다. 사백십구 년 전의 **돈키호테가 우리 마음 속에 여전히 살아 숨 쉬는 이유는 나를 나로 존재하게 하는 꿈을 향한 그의 뜨거운 의지** 때문일지도 모른다.

흘러가는 시간에 깊이를 더하는 법

날짜와 시간의 개념을 정확히 알지 못했던 어린 시절, 특별한 선물을 기대하며 다가오는 생일을 손꼽아 기다렸던 기억이 있다.

'여섯 밤 자면 내 생일이야',

'이제 다섯 밤 남았어.'

(…)

'아직도 세 밤이나 남았어.'

그 시절의 시간은 정말 더디게 천천히 흘렀던 것 같다. 하루 이십사 시간, 일 년 삼백육십오 일의 물리적 시간은 똑같이 흐른다. 하지만 어린 시절과 달리 요즘은 시간이 스쳐 지나듯 그냥 사라지는 느낌이다. 나이가 들수록 시간이 빨리 흐르는 이유는 뭘까? 뇌 과학자들의 연구에 의하면 그원인은 인간의 생물학적 특성, 특히 뇌의 작동방식에 있다고 한다.

우리가 눈으로 어떤 장면을 보게 되면 뇌 속 신경세포들이 그 정보를 처리하게 된다. 뇌 안에 있는 이 신경세포들의 정보처리 속도는 나이가 들수록 느려진다. 또한 뇌 속 도파민의 양도 시간 인식에 영향을 받는다. 도파민은 새로운 경험과 기대, 즐거운 일을 좋아한다. 나이가 들수록 새로운 경험이 줄어들고, 일상이 단조로워진다. 결국 뇌 속 도파민의 분비도 줄어들고 우리 뇌는 시간이 더욱 빨리 가는 것처럼 인식하게 되는 것이다. 어떻게 하면 나이가 들어도 시간에 쫓기지 않고 의미 있는 삶을 살 수 있을까?

고대 그리스어인 헬라어에는 두 가지 시간(때) 개념이 있다. 바로 크로노스(Chronos)와 카이로스(Kairos)이다. 크로노스는 우리가 알고 있는 물리적 시간이다. 하루는 이십사 시간이며 열두 달의 흐름과 함께 일 년이 흐르는 객관적, 정량적 시간이다. 과거에서 미래를 향해 일정한 속도와 방향으로, 기계적으로 흐르는 시간이다. 누구에게나 양적으로 똑같이 주어진다.

반면 카이로스는 주관적, 정성적 시간을 의미한다. 같은 시간도 사랑하는 사람과 함께하는 한 시간과 하기 싫은 일을 억지로 하며 보낼 때의 한 시간은 다르다. 물리적으로 같은 양의 시간이지만 주관적 느낌은 전혀 다른 것이다. 크로노스는 시간의 양을, 카이로스는 시간의 질을 뜻한다고 볼 수 있다.

주관적이고 특별한 시간을 뜻하는 카이로스는 기회, 결정적 순간, 때를 의미하기도 한다. 카이로스는 그리스 신화에 나오는 제우스의 막내아들이다. 이탈리아 북부 토리노 박물관에는 카이로스의 조각상이 있는데 독특한 외형을 통해 기회의 본질을 잘 보여주고 있다. 그의 모습은 앞쪽은 긴 머리카락이지만 뒤쪽은 머리가 없는 대머리다. 등과 발에는 날개가 달려 있고, 왼손에는 저울을 오른손에는 칼을 들고 있다. 왼손의 저울은 옳고 그름을 정확히 판단하라는 뜻이며 오른손에 쥐고 있는 칼은 단호하게 빠른 결단을 내리라는 뜻이다. 뒤쪽에 머리가 없고, 발에 날개가 달려있는 것은 재빨리 잡지 않으면 금방 사라지는 기회의 속성을 잘 나타내고 있다.

많은 사람들이 좋아하는 와인은 오래 묵혀둘수록 좋은 맛과 향을 낸다. 와인의 깊은 풍미와 향을 위해 적절한 숙성의 시간이 필요한 것처럼, 인생의 때와 기회도 마찬가지다. 꾸준한 물리적 시간의 축적과 노력이 있어야 카이로스의 시간을 맞이할 수 있다. 씨실과 날실이 교차하여 면이 만들어지고, 아름다운 천이 완성되는 것처럼 물리적이고 수평적인 크로노스의 시간 위에 깊이와 밀도를 쌓아야 카이로스의 때가 완성된다.

우리가 기계적으로 흐르는 시간에 끌려다니며 사는 것은 지금, 이 순간을 온전히 살지 못하기 때문이다. 이미 지나가 버린 과거를 돌이켜 후회하고, 아직 오지 않은 미래를 미리 걱정하고 두려워하느라 늘 마음은 조급하고 불안하다. 현재에 집중하지 못할수록 시간은 손에 쥔 모래알처럼 손가락 사이로 순식간에 빠져나간다.

우리에게 주어진 물리적 시간의 양은 유한하다. 그러므로 나이가 들수록 시간의 질과 경험이 더 중요하다. '이 나이에 배워서 뭐하나?', '이 나이에 무슨 부귀영화를 보겠다고', '인생 다 거기서 거기'라 생각하지 말자. 뭔가 시도하기엔 나이가 너무 많거나 이미 늦었다고 포기하지도 말자.

한 번쯤 연주해보고 싶었던 악기를 배울 수도 있고, 운동이나 외국어 공부에 용감하게 도전할 수도 있다. 익숙하고 반복적인 일상을 낯설게 바라보려는 시도, 행복한 순간에 대한 감사, 새로운 경험에 대한 기대와 호기심을 잃지 않는다면, **우리는 크로노스의 시간 속에서도 카이로스의 시간을 살 수 있다.** 속절없이 흐르는 시간 앞에 자신감을 잃거나 무력해지지 않고, 또 다른 나의 기회와 때를 기다리며 의미 있는 삶을 살아갈 수 있을 것이다.

나와 함께하는 시간

고등학교 때부터 난싹이었던 친구 A를 오랜만에 만났다. '얼굴이나 한번 보자, 언제 밥 한번 먹자'라며 인사는 건넸지만 서로 바쁘다 보니 좀처럼 약속을 잡을 수 없었다. 어느 날 A는 자신의 지인 B와 함께 만나도 되겠냐며 내게 물었고, 어쩌다 보니 그렇게 셋이 만나게 되었다. B는 A와 함께 한번 만난 적이 있는 친구였다. 하지만 성격이나 취향이 나와는 조금 다르고, 개인적으로 친해질 만한 특별한 계기도 없었다.

나는 오랜 친구인 A와 이야기를 주로 나누었다. 가끔 B가 이야기할 때는 그냥 그가 하는 이야기에 귀 기울이며 조용히 앉아 있었다. 그때, 중요한 전화를 받느라 A가 잠깐 자리를 비웠다. 둘 사이에서 완충지 역할을 하던 A가 사라지자 우두커니 B와 둘이 앉아 있는 어색한 순간이 찾아왔다. 불편한 침묵을 깨고 싶어 무슨 말이라도 해야 할 것 같은 데, 적당한 이야깃거리가 떠오르지 않았다. B도 마찬가지였는지 우리는 둘 다 각자의 스마트폰만 열심히 들여다봤다. 날씨가 좋다, 커피 맛이 괜찮다는 의미 없는 이야기를 하며, 어색한 정적을 깨려 애쓰고 있었다.

친하지 않은 누군가와 단둘이 있어야 하는 순간은 어색하고, 불편하다. 일반적인 화젯거리를 찾아 어색한 침묵을 깨려고 애쓴다. 친한 친구, 가족, 애인과 있을 때의 공기처럼 자연스럽고 편안한 침묵과는 결이 다르다. 그래서 나는 종종 누군가와의 친밀함을 가늠할 때, 둘 사이의 침묵이 얼마나 자연스럽고 편안한가의 정도로 생각하곤 한다. 곧 A가 돌아왔고, 우리 사이의 불편한 공기는 슬며시 사라졌다. 집으로 돌아오는 차 안에서 혼자 있는 것도 아니고, 온전히 누군가와 함께 있는 것도 아니었던 B와의 어색한 시간이 떠올랐다.

어쩌다 문득 혼자 있는 여유 시간이 생기면 나는 늘 뭔가를 하려 애썼다. 유튜브에 새로 올라온 영상들을 훑어보고, 포털사이트를 이리저리 돌아다니기도 했다. 잠깐의 조용한 시간도 뭔가를 해야 할 것 같은 조바심에 새로운 무언가를 찾았고, 지향점 없는 외로움과 불안을 느끼곤 했다. 마치 B와 단둘이 있을 때처럼 나는 나와 있는 시간을 불편해했다. 혼자 있는 그 순간의 공기와 침묵은 어울리지 않는 옷을 입은 것처럼 어색하고 부자연스러웠다.

만약 친구 A가 혼자 있는 시간을 외로워하고 불안해한다면 나는 어떻게 할까? 무슨 말을 해 줄까? '아무것도 하지 않아도 된다고, 천천히 흘러가는 이런 시간도 인생에는 필요하다'라고 이야기해 줄 것이다. 그리고 가만히 그의 곁에 머물 것이다. 일 년 삼백육십오일, 하루 이십사 시간, 모든 순간을 치열하게만 살 수는 없다.

하지만 어릴 적부터 '열심히'와 '성실'의 가치를 높이 평가하는 환경에서 자라온 우리는 더 치열하고 부지런하게 살 것을 스스로에게 요구하고 있는지도 모른다. 나도 모르게 누군가와 자신을 비교하고, 타인의 삶을 부러워하며 세상의 기준으로 나를 닦달하고 있었는지도 모른다. 나와 가장 친한 사람은 누굴까? 나를 가장 잘 알아주고, 이해해 줄 수 있는 사람은 누굴까? 그 누구도 나만큼 나를 사랑할 수는 없다. 친구와의 시간도 소중하지만, 나와의 시간도 소중하다. 그러므로 우리는 그 누구도 아닌 자기 자신과 더 친해지고 가까워져야 하는 건 아닐까?

"하루가 너무 지루하고 길게 느껴져.", "식구들이 다 출근하고 나면, 나만 혼자 지금 뭘 하고 있지? 그런 생각을 해." 몇 년 전 다니던 대기업을 퇴직하신 어떤 분이 씁쓸하게 털어놓은 말이다. 그는 아침이면 가족들이 모두 외출한 텅 빈 집에서 뭘 하며 하루를 보내야 할지 막막함을 느낀다고 했다. 등산을 가고, 친구들을 가끔 만나기도 하지만 혼자 있는 시간이 길어지며 세상으로부터 단절되는 것 같은 쓸쓸함과 불안감에 휩싸인다고 했다. 혼자 시간을 보내는 것이 익숙하지 않은 사람은 자녀나 배우자, 친구 등 주변 사람들에게 자꾸 의지하게 된다. 외로움과 불안을 해소하려 무의미한 만남을 반복하기도 한다.

인간관계는 마치 물 흐르듯 변화하는 속성이 있다. 새로운 만남이 이어지며 폭이 넓어지기도 하고, 자연스럽게 좁아지기도 한다. 인간에겐 다른 이들과 따뜻한 교류를 통해 삶의 활력을 얻는 것도 필요하지만, 동시에 고독 속에서 자신을 깊이 탐구하는 시간도 필요하다. '함께'와 '혼자' 사이의 균형을 지혜롭게 잘 조절할 줄 알아야 한다.

사람들과의 관계가 줄고, 혼자 있는 시간이 많아질 때, 그 시간을 제대로 받아들이지 못하면 자칫 객관적인 시선을 잃어버리게 된다. 시야가 좁아지고, 한쪽으로 치우친 생각을 하기 쉽다. 아무도 내 말에 귀 기울이지 않고 관심도 없는 것 같아 괜한 고집을 부리거나 잔소리를 하기도 한다. 자신도 모르게 '꼰대'가 된 것 같은 자괴감이 들기도 한다.

나이, 사회적 환경, 자신의 부족함을 탓하다 보면 점점 주눅 들고 자신감도 잃게 된다. 행복한 관계를 원하면서도 관계 자체에 부담을 느껴 스스로 다른 사람과의 만남을 피하는 모순에 빠지기도 한다. 이럴 때일수록 우리는 자신과 더 친밀해져야 하며 마음의 여유를 찾아야 한다. 끊임없이 뭔가를 하며 밖으로만 나가 있던 시선을 내부로 돌려 흔들리지 않는 단단한 중심을 세워야 한다.

중심이 굳건한 사람은 주변 상황에 크게 흔들리지 않는다. 혼자 있는 시간에 불안이나 외로움을 느끼는 대신 자신과 오롯이 대면하며 자연스럽고 편안하게 그 시간을 받아들인다. 혼자 있는 순간에 내가 느끼는 외로움, 불안, 고요함을 가만히 들여다보고 받아들일 때, 나는 나를 더 잘 이해할 수 있다. 나와 더 가까워질 수 있다. 자주 머무는 공간의 공기처럼, **고요하고 편안하게 침묵의 순간이 내게 깃들 때 나는 더 나다운 삶을 살 수 있다.** 그때야 비로소 우리는 자신만의 글을 쓸 수 있는 것인지도 모른다.

오십,
지금이 나의 전성기

나를 나아가게 하는 힘

공부, 음악, 연기, 어떤 분야든 그 분야에서 최고가 된다는 것은 정말 어려운 일이다. 본인의 피나는 노력과 실력도 있어야 하고 때로는 운이라는 요소도 따라줘야 한다. 최고의 자리에 오르기까지 가장 큰 동력이 된 것은 물론 본인의 노력일 것이다. 쉼 없는 도전과 한계를 뛰어넘는 인내의 시간이 있었기에 가능한 일이다.

하지만 그 자리에 이르기까지 묵묵히 함께 해준 사람들과 자신에게 찾아온 기회에 감사할 줄 아는 사람은 더 멋지다는 생각을 한다. 유튜브에서 우연히 배우 김혜수 님이 출연한 영상을 봤다. 동료 배우 송윤아는 김혜수가 작품 보는 눈이 뛰어나다며 부러워했다. 어떻게 하면 좋은 작품을 고르고 볼 수 있는지에 대해 질문했다. 이 질문에 대해 그녀는 이렇게 대답했다.

배우가 좋은 작품을 볼 줄 알고 싶다면, 좋은 시나리오의 작품을 하고 싶다면, 일단 배우로서의 탄탄한 기본기가 먼저다. 본인은 열여섯 살 어린 나이에 데뷔해 어릴 때부터 여러 작품을 많이 찍고 소비되었다. 막상 그녀가 이십 대, 삼십 대가 되었을 때 그녀는 더 이상 새롭지도, 신선하지도 않은 배우였다. 그렇다고 자신만의 영역을 구축하며 뭔가를 뛰어넘은 배우도 아닌 어떻게 보면 애매한 위치에 놓이게 되었다.

그러다 보니 그녀에게도 자신에게 딱 맞는 작품이 들어오지 않는 힘든 시간이 있었다. 그녀는 배우로서 자신에 대한 영화계의 현실적인 평가를 있는 그대로 받아들였다. 그리고 객관적으로 검증된 자신의 역량이 어느 정도인지 냉정하게 바라보았다. 그리고 공부하고 노력하며 역량을 키웠고, 자신에게 찾아온 기회를 잡았다. 아무리 노력해도 누군가에는 평생 기회가 오지 않을 수도 있다. 그런 면에서 자신은 운이 좋았다고 겸손하게 이야기했다.

2024년은 그녀가 청룡영화제 사회를 맡아 진행한 지 삼십 년이 되는 해였다. 삼십 년이라는 시간 동안 청룡영화제를 지키며, 영화를 대하는 배우들의 태도를 배우고, 진심 어린 배우들의 수상 소감을 통해 긍정적 영향을 많이 받았다고 했다(얼마 전 그녀는 삼십 년 청룡영화제 MC 자리를 아름다운 모습으로 마무리했다). 선후배, 나이, 연기 경험을 따지지 않고 배우려는 태도와 사람을 먼저 볼 줄 아는 그의 따뜻한 시선은 언제나 깊은 울림을 준다. 오랜 시간 한 분야에 종사하며 변함없이 최고의 자리를 지키는 사람은 보이지 않는 순간에도 묵묵히 자신을 갈고닦을 줄 아는 사람이다. 주어진 상황과 사람들로부터 배우고, 감사할 줄 아는 사람이다. 우리는 그의 말과 행동, 시선에 묻어 나오는 이런 자연스러운 태도를 알아보고 호감을 느끼는 것인지도 모른다.

나에게 좋은 자극을 주고 앞으로 나아가는 힘을 주는 것은 늘 아름다운 사람들과 좋은 문장들이다. 각자의 이야기를 풀어놓는 사람들을 보며 내게 없는 그의 따뜻한 마음, 끈기, 열정을 닮고 싶어진다. 힘든 시기를 잘 이겨내고 성큼성큼 앞으로 전진하는 사람을 보며 힘을 얻기도 한다.

　막연하게 인식하고 있던 생각을 선명하게 바라보게 하는 문장, 남다른 시선으로 감성을 불러일으키는 문장은 놓치고 있던 소중한 것들을 상기시킨다. 나도 느꼈던 감정을 섬세하게 포착한 문장을 보며 동질감을 느끼기도 한다. 차곡차곡 쌓여가는 성실의 가치를 믿는 사람, 먹고 자고 일하는 일상의 모든 순간에 세상과 사람들을 향한 따뜻한 시선을 잃지 않는 사람, 그런 문장을 쓸 수 있는 사람이 되고 싶다.

내가 만드는 내 인생의 전성기

화려한 조명, 번쩍이는 플래시 불빛, 쉴 새 없이 터지는 카메라 셔터 소리, 무대 위로 쏠리는 수많은 사람들의 시선을 받으며, 절제된 포즈와 워킹으로 멋진 모습을 보여주는 모델. 화려한 모델의 세계를 떠올리면 어떤 이미지가 연상되는가? 우월한 비주얼과 아름다움을 보여주는 젊은 모델들 사이에서도 단연 돋보이는 사람이 있다. 바로 현역 최고령 모델인 카르멘 델로피체(Carmen Dell'Orefice)다.

그녀는 1931년생이다. 열다섯 살 때 〈보그〉 잡지 표지를 장식하며 모델 활동을 시작했다. 1958년 결혼을 하며 은퇴했으나 마흔일곱에 다시 모델계로 돌아왔다. 그녀는 여든다섯 살 때 최고령 모델로 기네스북에 오른 이후에도 여전히 현역 모델로 활발하게 활동을 이어가고 있다. 백칠십팔 센티미터의 키에 운동과 관리를 통한 균형 잡힌 몸매로 예순 살 이상 차이가 나는 어린 후배들에게 절대 뒤지지 않는다.

웃을 때 보이는 자연스러운 주름과 염색하지 않은 그녀의 백발 머리는 그녀만의 특별하고 아름다운 트레이드마크가 되었다. 2022년에는 건강 및

뷰티 매거진 〈뉴유(New you)〉의 표지를 장식하기도 했고, 아흔하나의 나이에 누드 화보에 도전하기도 했다. 그녀는 백 세가 넘어서도 모델 활동을 하는 것이 꿈이라고 한다. 매거진 〈뉴유〉와의 인터뷰에서 그는 "우리는 매일 계속 성장하고 있으며, 끝날 때까지 끝난 게 아니다. 우리는 늘 뭔가를 배우고, 시곗바늘처럼 끊임없이 자신을 변화시키고 있다."라는 말을 전했다. 모델이라고 하면 흔히 우리는 젊은 나이와 젊음의 아름다움을 떠올린다. 하지만 그러한 대중의 일반적인 생각을 깨고 그녀는 여전히 최고의 전성기를 보내고 있다. 당신이 생각하는 당신의 전성기는 언제인가?

나이가 들어 열정이 사라지는 것이 아니라,
열정이 사라져 나이가 드는 것이다.

- 모델 카르멘 델로피체 -

국어사전에 따르면 전성기란 '형세나 세력 따위가 한창 왕성한 시기'를 말한다. 그래서 보통 사람들은 이십 대, 삼십 대처럼 신체 활력이 넘치고 자신감과 의욕이 충만한 시기를 전성기라 생각하곤 한다. 그 시기는 일과 공부를 통해 자기의 존재를 확인하며, 성취를 쌓아가는 시기이기도 하다.

하지만 여러 사람의 인생을 살펴보면 꼭 그렇지도 않다. 육체적 민첩성, 힘은 젊고 건강할수록 뛰어나다. 하지만 정신적 안정성, 타인에 대한 공감, 심리적 안녕감은 나이가 들수록 더 깊어지기도 한다.

경영학의 대가 피터 드러커는 아흔여섯의 나이로 사망할 때까지 활발한 활동을 펼쳤다. 그는 인생의 전성기를 묻는 한 기자의 질문에 왕성한 집필

활동을 했던 예순 살부터 삼십 년간이 인생의 전성기였다고 대답했다고 한다. 백오 세의 현역 철학자이자 수필가인 김형석 교수는 예순부터 일흔다섯까지의 나이를 인생의 전성기로 꼽았다.

김형석 교수는 신체는 누구나 다 똑같이 늙지만 정신이 늙는 건 사람마다 다르다고 하며, '육십 대가 되어서도 진지하게 공부하며 일하는 사람은 성장을 멈추지 않는다'라고 강조했다. 긴 시간 동안 방송 생활과 연기를 했지만 크게 주목받지 못했던 배우 나문희 님은 오십 대 후반이 되면서부터 작품성 있는 드라마로 주목받기 시작했다. 2017년 개봉한 영화 〈아이 캔 스피크〉로 배우 인생 오십육 년 만에 영화 부문 첫 여우주연상을 받기도 했다. 여든이 넘은 현재도 여전히 왕성하게 활동하며 그녀의 전성기를 만들어가고 있다.

평균 수명이 늘어나면서 인생의 전성기를 바라보는 관점도 바뀌고 있다. 가장 젊고 아름다운 시절이 아니어도, 왕성하게 사회활동을 펼치는 시기가 아니어도, 누구에게나 빛나고 아름다운 시기는 있다. 꽃이 피어나는 시기가 저마다 다르듯 모든 사람에게 같은 시점에 전성기가 찾아오는 것은 더더욱 아니다. 꾸준한 공부와 체력 관리, 자기의 일을 사랑하며 최선을 다하면 언젠가 세상은 내 일의 과정과 결과를 알아보는 날이 올 것이다. **내가 꿈꾸는 미래의 내 모습을 그리며 열정과 진심을 잃어버리지 않고 최선을 다한다면, 모든 순간은 전성기가 될 수 있다.** 당신 인생의 전성기는 언제인가? 당신은 무엇으로 그 빛나는 순간들을 만들고 싶은가?

일상 속에서
계속 쓰는 힘

디지털 시대, 글쓰기의 변치 않는 가치

챗 GPT를 실행한다. 메시지 창에 '봄'을 주제로 초등학교 삼학년 어린이에게 알맞은 짧은 동시 한 편을 써달라는 프롬프트를 입력했다. 따뜻한 봄 풍경을 담은 동시 한편이 순식간에 뚝딱 완성되었다.

봄

햇살은 따뜻하고, 바람은 선선하고,
꽃은 밝은 색으로 피어요.
새들은 부드럽고 맑게 노래하고,
만세, 만세! 달콤한 봄이 왔어요!

- 챗 GPT를 활용해 지은 동시 -

2022년 말 세계 최초 생성형 AI, 챗 GPT가 선보이면서 디지털 기술의 발전이 점점 더 빨라지고 있다. 앞서 2022년 9월 미국 콜로라도 주립 박람

회 미술대회에서는 이미지 생성 AI인 미드저니를 이용해 그린 그림이 디지털아트 부문에서 1위를 차지하기도 했다. 국내에서도 2021년 8월, 우리나라 최초로 AI작가가 쓴 『지금부터의 세계』라는 장편 소설이 출간되었으며, 이듬해 8월에는 인공지능 시인 시아가 시집 『시를 쓰는 이유』를 세상에 내놓았다.

단순한 정보 검색은 물론이며 창의적 영역이라 여겨졌던 그림, 시, 소설, 음악까지 창조할 수 있는 시대가 되었다. 프롬프트를 입력만 하면 원하는 주제의 글, 그림을 얼마든지 생성할 수 있다. 굳이 검색 사이트를 돌아다니지 않아도 원하는 정보를 쉽게 얻을 수 있고, 궁금한 사항을 해결할 수 있다.

인공지능이 눈 깜짝할 시간에 텍스트를 생산해 내는 시대에 인간의 글쓰기는 계속 필요할까? 만약 우리가 글을 계속 써야 한다면, 그 이유는 무엇일까? 속도와 효율성만 고려한다면, 인공지능을 활용하는 것이 훨씬 더 생산적일지도 모른다. 비록 한 편의 시, 한 페이지의 짧은 글을 쓰기 위해 며칠을 고민할지라도, 우리가 직접 글을 쓰고 읽는 데는 분명한 이유가 있다.

그건 바로 투박하고 서툰 글이든, 긴 호흡의 글이든, 짧은 글이든, 글을 읽고 쓰는 과정에서 우리는 끊임없이 생각하기 때문이다. 단어를 선택하고 문장을 다듬으며, 말하고 싶었던 이야기를 제대로 표현하고 있는지 심사숙고한다. 썼다가 지우고, 고민하는 과정을 통해 우리는 자신을 좀 더 깊이 이해하고, 타인과 세상을 바라보는 자신만의 시선을 갖게 된다. 글쓰기는 생각하는 힘을 통해 자기성찰, 개인의 성장에 큰 역할을 한다.

인공지능이 아무리 뛰어날지라도 내 글을 쓰고 싶고, 나만의 작품을 만들고 싶다는 표현 욕구와 창의성까지 꺾을 수는 없다. 인간은 자기 생각, 경험, 욕구를 표현하고 싶어 하는 존재다. 글이 없는 원시시대에도 인간은 동굴 벽에 그림을 그리고, 다양한 방법으로 자신을 표현했다.

오랜 시간 축적되어 온 인간의 예술성과 독창성은 방대한 데이터를 기반으로 인공지능이 생성해 낸 결과물과는 근본적으로 다르다. 챗 GPT가 빠른 시간에 멋진 글을 써준다고 하지만 개인적인 경험과 깊은 감정까지 담는 데는 한계가 있다. 내가 쓰는 글은 내 마음과 생각, 경험에서 나온 내 이야기다. 이야기를 읽고 쓰며 우리는 서로 소통하고 공감하며 새로운 관계를 형성할 수 있다. 나와 다른 관점을 수용하고, 다양한 맥락에서 상황을 이해하며 끈끈한 유대감을 형성할 수도 있다.

인공지능은 결국 사람이 만든 도구일 뿐이다. 잘 활용하려면 기술 자체도 중요하지만, 인공지능을 활용하는 인간의 정서와 심리에 대한 이해도 중요하다. 기술이 발전함에 따라 글쓰기의 방식과 도구는 변화하고 있지만, 인간에 대한 이해와 성찰, 인간의 글쓰기가 지닌 고유한 가치는 절대 사라지지 않을 것이다. **글쓰기는 여전히 우리에게 가장 중요한 표현과 창작의 도구다.**

글을 통해 나아가는 마음

나이가 들면 누구에게나 삶의 전환점에 대한 고민이 찾아온다. 언제가 적절한 퇴직 시점인지, 은퇴 후에는 어떻게 살아야 할지 막막할 때가 있다. 정년이 되어 퇴직할 수도 있고 자의 반 타의 반으로 정해진 시기보다 일찍 회사를 나와야 하는 상황에 놓이기도 한다. 새로운 일을 마련해 놓고 떠나는 사람도 있지만 그렇지 못한 경우도 많다. 준비하고 퇴직했든, 그렇지 않든, 할 일이 없고 소속이 없는 것은 두려운 일이다.

매일같이 붐비는 도로와 인파를 헤치며 출근하던 길은 고되었지만, 가야 할 곳이 없는 하루는 더 당혹스럽고 불안하다. 앞이 보이지 않는 불투명한 미래는 삶의 의미를 되새기기 전에 '어떻게 먹고 살아야 하나'라는 현실적인 걱정부터 앞서게 만든다. 조급한 마음에 서둘러 어떤 일이든 시작해야 할 것 같은 압박감이 밀려오기도 한다.

하지만 이럴 때일수록 마음의 여유를 잃지 않아야 한다. 긴 인생의 여정에 잠시 멈춰 자신을 위한 시간을 가지는 것도 필요하다. 지금까지의 삶이

가족을 지키고 생계를 지키기 위한 삶이었다면, 이제부터의 삶은 하고 싶었던 일이나 꿈꿔왔던 삶을 위한 도전이어도 좋지 않을까?

그림, 글쓰기, 요리나 댄스 무엇이든 좋다. 당장은 원하는 만큼의 결과로 연결되지 않을 수도 있다. 그렇다 할지라도 삶을 건사하는 것에만 집중하면 어렵게 시작한 일도 지속하기는 힘들다. 글쓰기를 시작하여 힘겹게 첫 책을 낼 수 있을지는 모르나, 글을 쓰고 내 콘텐츠를 만드는 삶을 지속하기는 어렵다. 이럴 때일수록 스스로에게 진지하게 물어야 한다. '나는 어떤 삶을 살고 싶은가? 이 삶을 통해 내가 이루고 싶은 가치는 무엇인가?'

나는 한 분야의 일을 열심히 하여 잘하게 된 사람을 좋아한다. 그리하여 그 일이 자기 삶의 한 부분이 되고, 정체성이 된 사람을 존경한다. 이탈리아의 천재 예술가 미켈란젤로는 '피에타', '다비드', 시스티나 성당의 '천지창조', '최후의 심판'과 같은 작품으로 유명하다. 그는 1564년 아흔의 나이로 세상을 뜰 때까지도 조각 작업을 계속했다. 삶이 다하는 순간까지 자기 삶의 일부였던 조각을 손에 놓지 않았으며, 예술에 대한 순수한 열정과 사랑을 지켰다. 그의 삶이 곧 예술이자 조각이었다.

서머싯 몸의 『달과 6펜스』는 프랑스의 인상파 화가 폴 고갱(Paul Gauguin)을 모델로 한 작품으로 유명하다. 증권거래소의 직원으로 일하던 폴 고갱은 서른다섯의 나이에 그림을 그리기 위해 직장을 그만둔다. 주변의 반대, 가족과의 이별, 가난 등 새로이 출발한 화가로서의 삶은 녹록지 않았으나, 그는 다양한 기법들을 시도하며 자신만의 화풍을 만들기 위해 노력했다. 마침내 그는 열대의 밝고 강렬한 색채가 담긴 독특한 화풍을 완성했고, '타히티의 여인들', '황색의 그리스도'와 같은 미술사에 길이 남을 멋진 작품을 남겼다.

> 좋아하는 일을 하다 죽을 것이고, 죽음이 곧 퇴직인 삶을 살 것이다.
>
> - 구본형, 『나는 이렇게 될 것이다』 중에서 -

나는 이 멋진 말을 구본형 작가의 책에서 발견했다. 오랜 기간 직장인으로 살았던 구본형 작가는 퇴사 후 일인 기업가, 작가, 컨설턴트로 원하던 삶을 살았다. 그는 여러 저서에서 자신의 삶을 고민하는 직장인들에게 하고 싶은 일, 새로운 인생을 위한 꿈에서부터 출발하라 이야기한다. 그리고 그 일을 잘할 수 있을 때까지, 열심히 성실하게 실력을 갈고닦으라 조언한다. 그렇게 갈고닦은 일을 통해 밥벌이를 하고, 그 일을 통해 자신의 존재를 증명하는 삶을 살아가라고 강조했다.

물론 모든 사람의 인생이 똑같을 수는 없고, 소중하게 생각하는 가치는 사람마다 다르다. 하지만 누구나 인생의 중반쯤이 되면 '공부를 하고 싶다, 글을 쓰고 싶다, 그림을 그리고 싶다'라고 생각하곤 한다. 그 이유는 적어도 한 번쯤은 삶이 주는 의미와 가치를 발견하고 싶기 때문일 것이다.

나 역시 '글을 쓰고 싶다'라고 생각한 이유는 지금부터 내게 주어진 시간을 좀 더 주도적이고 독립적으로 행복하게 살고 싶었기 때문이었다. 환경에 순응하며 수동적으로 시간을 보내는 것이 아니라 나의 가능성을 발견하고, 스스로를 격려하며 살고 싶었다. 삶은 언제나 불확실하고 우리는 늘 변

화 속에 살아간다. 굳건하게 난관을 헤치고 변화에 적응하려면 확고한 내
적 지침과 기준이 필요하다. 내 삶을 어떻게 꾸려가고 싶은지, 삶에서 반드
시 이루고 싶은 가치는 무엇인지, 삶에 대한 자신만의 철학과 비전을 발견
한다면, 이는 더 의미 있는 방식으로 우리를 나아가게 해주는 힘이 되어 줄
것이다.

결국엔 일상, 결국엔 글쓰기

밤 열한 시 이십칠 분, 자정까지 삼십 분 정도가 겨우 남은 시간, 오늘따라 시곗바늘은 야속하게 더 빠르게 흐르는 것 같다. 컴퓨터 모니터 앞에서 몇 시간째 썼다 지우기를 반복하고 있는 나. 길지 않은 글임에도 어떻게 마무리해야 할지 몰라 답답하기만 하다. 열한 시 사십삼 분···. 열한 시 오십사 분, 여전히 나는 키보드 위에서 머뭇거리고 있다. '이렇게 글을 올리는 것이 무슨 의미가 있을까?, 완성하지도 못한 글을 올려도 될까?' 결국 나는 글을 올리지 못한다.

'백 일 동안 ○○하기', ○○의 내용은 다르지만 백 일 동안 어떤 목표를 꾸준히 실천하는 챌린지들을 많이 볼 수 있다. 그림 그리기, 걷기, 글쓰기, 운동하기 등, 혼자서는 꾸준히 이어가기 힘든 목표를 '함께'라는 환경을 이용해 습관으로 만들어 보고자 나도 몇몇 챌린지에 참여했던 경험이 있다. 몇몇 도전은 성공했지만, 아쉽게도 성공하지 못한 것도 있다. 그중 두 번이나 도전했지만 아쉽게도 달성하지 못했던 경험이 바로 글쓰기였다.

방법은 간단하다. 백 일 동안 매일 자유롭게 글을 쓰고, 자정 전까지 단체 대화방에 인증하는 방식이었다. 첫 번째 도전, 첫 열흘 정도는 글을 쓰고 인증까지 무사히 마칠 수 있었지만, 그 후 며칠은 글을 끝까지 마무리하지 못했다. 시간이 부족하다거나 쓰다 만 글을 차마 인증할 수 없다는 등의 이유로 글을 올리지 못했다. 마지막 날까지 글을 쓰는 날과 쓰지 못하는 날을 반복하며 그렇게 나의 첫 백 일 도전은 제대로 마침표를 찍지 못한 채 끝났다.

이후, 글을 쓰는 방식에 약간의 여유가 있는 다른 글쓰기에 한 번 더 도전할 기회가 있었다. 이번에는 백 일간 글을 쓰고 인증하는 데는 성공했지만, 챌린지가 끝난 후 한동안은 전혀 글을 쓰지 않는 안타까운 상황이 발생했다. 갑자기 열심히 시험 공부를 한 사람은 시험이 끝나면 한동안은 책이 쳐다보기도 싫어지곤 한다. 또 급히 다이어트를 한 사람에게 요요현상이 찾아오기도 한다. 그것과 비슷하다고 해야 할까?

아쉬웠던 두 번의 체험을 통해 나의 글쓰기에 관해 나름 깨닫게 된 사실이 있다. 그중 하나는 끝맺어야 할 때는 끝낼 줄 알아야 한다는 것이다. 백 일 동안 글쓰기를 하며 가장 힘들었던 점은 글의 마무리였다. 시작은 했으나 어떻게 끝맺어야 할지 몰라 썼다 지우기를 반복하다 결국 완성하지 못했다.

뭔가 있어 보이는 멋진 말로 마무리해야 할 것 같은 마음에 이렇게 저렇게 자꾸 덧붙이다 보니 어색해지거나 뻔하고 재미없는 교훈적인 글이 돼버리곤 했다. 그러면 또 그 글이 마음에 들지 않아 수정을 반복하게 된다. 그러다 어느 순간 '아 모르겠다, 어렵다'라는 마음과 함께 포기하곤 했다. 함께 도전해 성공한 지인은 일단 쓰고, 마음에 들지 않아도 끝낼 수 있어야 한다며 조언을 해주었다.

백 일은 석 달이 조금 넘는 시간이다. 그 시간 동안 매일 글을 쓰려면 첫째로 중요한 점이 있다. 그건 바로 그날의 글은 그날 끝낼 수 있어야 한다는 것이다. 부족하고 아쉬움이 남아도 다음 날은 또 새로운 글을 쓰면 된다. 둘째로 중요한 점은 시간을 정해놓고 글을 쓰는 습관이다. 새벽이나 잠자기 전 일정한 시간에 글을 쓰는 것도 중요하지만 여기서 말하고 싶은 것은 시간의 양이다.

한 편의 글을 쓰기 위해 몇 시간씩 매달려야 한다면, 쓰기를 지속하기는 힘들다. 하루 이십 분, 삼십 분 등 물리적인 시간의 양을 정할 필요가 있다. 몇 시간 혹은 며칠이 걸려 한 편의 글을 쓰는 사람이 매일 글을 써야 한다면 그것은 힘들고 고통스러운 작업이 된다. 짧은 일기든, 메모 같은 글이든 하루 십 분 글쓰기를 권하는 책들도 많다. 나도 한동안은 십 분 타이머를 맞춰 놓고 글을 쓰기도 했다. 뭐든 쓰고, 알람이 울리면 완성 여부를 떠나 쓰기를 멈춘다. 매일 아침 부담 없이 글쓰기를 시작할 수 있는 좋은 방법이었다.

결국 쓰기는 일상에 자연스럽게 녹아들어야 한다. 일상은 반복적이고 때로는 지루하게 느껴질 수도 있다. 하지만 그것이 우리 삶의 토대이다. 세수하고 밥 먹는 것처럼 글을 쓰는 일도 자연스러운 일상의 한 부분이 되어야 한다. 글을 쓰는 일이 큰 결심을 해야 하거나 긴 시간을 투자해야 하는 일이라면 지속하기도, 좋아하기도 어려울 것이다. 요즘 나는 매일 아침 이십 분의 시간을 정해놓고 글을 쓴다. 이십 분이라는 시간이 길게 느껴질 때도 있고, '벌써 시간이 이렇게 흘렀나?' 하는 아쉬운 마음이 드는 날도 있다. 하지만 시간이 되면 그날의 쓰기를 마무리한다. 글쓰기는 며칠만 하고 말 일이 아니니까. **나는 매일 쓸 것이고, 내일은 내일의 글쓰기가 기다리고 있을 테니까.**

나를 돌아보는 글쓰기 실천 노트

- 글쓰기는 나의 삶에 어떤 의미인가요? 앞으로 나의 시간에 글쓰기가 어떤 의미와 가치를 더해줄 것이라 기대하는지 적어보세요.
- 십 년 후, 나의 글쓰기는 어떤 모습으로 발전해 있을까요? 그때의 나에게 해주고 싶은 말을 적어보세요.
- 나의 인생 후반전을 가장 잘 나타내는 키워드는 무엇인가요?
- 나의 경험을 바탕으로, 다른 사람들에게 해주고 싶은 이야기는 무엇인가요?
- 앞으로 쓰고 싶은 글의 종류는 무엇인가요? (에세이, 소설, 시, 자기계발서…)

Chapter 5   서드 에이지, 나를 확장하는 문장들

글쓰기, 삶의 균열을 껴안는 연습

글을 쓰던 중 꽤 오랫동안 매우 아팠다. 통증 때문에 잠을 제대로 이룰 수 없을뿐더러 일상이 송두리째 흔들렸다. 체력이 급격히 떨어지면서 아침에 일어나는 일이 힘들어졌고, 씻고 옷을 입는 평범한 활동도 시간이 오래 걸렸다. 하루빨리 건강을 되찾고 싶은 마음에 병원 치료에 매달렸지만 좀처럼 나을 기미가 보이지 않았다. 빨리 낫고 싶다는 바람은 오히려 아픈 몸에 더 집착하게 했고 통증 때문에 아무것도 하지 못하는 스스로를 한심하게 여기며 조급함만 자꾸 커졌다.

그때부터 매일 몸의 상태를 조금씩 기록하기 시작했다. '오늘은 발이 많이 부었다.', '청바지 단추 하나를 잠그는 데도 식은땀이 났다.', '어제보다 호흡이 조금 편안해졌다.' 글을 쓰다 보니 온통 통증과 불편한 몸에만 쏠려 있는 내 시선이 더 선명하게 자각되었다. '아프다, 힘들다'라고만 되뇌며 외면하던 몸과 마음의 상태를 비로소 제대로 직면할 수 있었다.

육체를 지니고 살아가는 동안 한 번도 아프지 않고 건강하게만 살 수는 없을 것이다. 예기치 않은 상처나 질병 혹은 노화로 인한 신체 변화는 자연스러운 일이다. 아픈 몸이 당장 낫거나 평생 건강하게만 살고 싶다는 바람은 지나친 욕심일지도 모른다. 내 상태를 글로 써 내려갈수록, 인간이 얼마나 연약한 존재인지, 삶에서 진정으로 소중한 것은 무엇인지 자꾸 곱씹게 되었다.

아픈 자신을 자책하거나 병을 단번에 없애겠다고 매달리는 대신, 상황에 휘둘리지 않고 여유와 균형을 찾는 일이 중요한 것이다. 꾸준히 치료를 받으며 일상에 조금씩 변화를 주기 시작했다. 무리하지 않는 범위 내에서 다시 책을 읽고, 글을 쓰고 조심스럽게 일을 했다.

인생이라는 길을 언제나 똑같은 속도로 갈 수는 없다. 천천히 걸어야 할 때가 있고 때로는 속도를 내어 달려야 할 때도 있다. 쉼 없이 달리다 보면 몸에 무리가 오고, 건강을 잃기 쉽다. 치열한 삶일수록 일과 삶의 균형, 몸과 마음의 안녕을 살피는 것 또한 중요하다. 행복, 부와 명예, 자유 등 우리가 열망하는 인생의 목표들도 삶의 여러 요소가 조화를 이룰 때 비로소 의미가 있을 것이다.

어쩌면 살아간다는 것은 예기치 않게 찾아온 삶의 균열 속에서도, 다시 균형을 잡기 위해 끊임없이 노력하는 과정은 아닐까? 뜻밖에 마주친 통증이라는 작은 균열 앞에서, 나는 글을 쓰며 삶의 균형에 대해 깊이 생각한다. 쓴다는 것은 기울어진 삶의 무게중심을 바로 잡는 일이다. 균열 앞에 흐트러진 마음들을 모아 자신만의 균형을 찾아 나가는 여정이다.

따뜻한 늦봄에 시작한 글을 계절을 몇 번이나 더 돌아 이제야 마무리한다. 갑자기 찾아온 병으로 제대로 글을 쓰지 못하는 시간도 있었고, '끝까지 쓸 수 있을까?', '이 글이 무슨 의미가 있을까?'라는 의구심과 포기하고 싶은 마음이 글쓰기를 자주 망설이게도 했다. 때로는 게으름을 피우고, 외면하면서도 묵묵히 써 내려간 한 줄 한 줄이 어느덧 에필로그에 이르렀다.

이 책이 오십 이후의 삶을 고민하는 이들에게 작은 위로와 희망으로 다가가기를 소망한다. 또한 책을 읽는 모든 분이 살아가면서 겪게 되는 크고 작은 균열에 흔들리지 않고, 저마다의 균형을 잘 찾아 나가시기를 빌어본다. 그 여정에 글쓰기가 작은 위안이 되고 새로운 영감이 되길 바라며, 책을 읽어주시는 모든 분께 진심으로 깊은 감사를 드린다.

두 번째 인생을 위한 글쓰기 책장

삶의 다음 챕터를 써 내려가고 싶은 당신에게, 한 권씩 꺼내 읽으며 마음을 다잡아줄 책들을 소개합니다.

1) 글쓰기의 기본기를 다지고 싶은 당신에게

유시민, 『유시민의 글쓰기 특강』, 생각의 길, 2015.
김정선, 『내 문장이 그렇게 이상한가요』, 유유, 2016.

2) 쓰는 사람으로 자신을 되돌아보고 싶을 때

은유, 『쓰기의 말들』, 유유, 2017.
김용택, 『엄마의 꽃시』, 마음서재, 2018.
유선경, 『어른의 어휘력』, 앤의 서재, 2023.

3) 글을 쓰는 일, 삶의 본질을 사유하고 싶을 때

무라카미 하루키, 임홍빈 역, 『달리기를 말할 때 내가 하고 싶은 이야기』, 문학사상, 2009.

하재영, 『친애하는 나의 집에게』, 라이프앤페이지, 2020.

4) 내가 더 나다워지는 기록 습관을 만들고 싶을 때

김신지, 『기록하기로 했습니다』, 휴머니스트, 2021.

5) 삶과 죽음, 존재에 대해 사유하고 싶을 때

폴 칼라니티, 이종인 역, 『숨결이 바람 될 때』, 흐름출판, 2016.

6) 더 행복하고 현명한 중년이 되고 싶다면

바버리 스트로치, 김미선 역, 『가장 뛰어난 중년의 뇌』, 해나무, 2011.

장재형, 『마흔에 읽는 니체』, 유노북스, 2022.

참고도서

구본형, 『나는 이렇게 될 것이다』, 김영사, 2013

김난도 외 8인, 『트렌드 코리아 2025』, 미래의창, 2024.

김난도 외 8인, 『트렌드 코리아 2024』, 미래의창, 2023.

김용택, 『인생』, 이레, 2000.

김용택, 『뭘 써요, 뭘 쓰라구요?』, (주)한솔교육, 2013.

김용택, 『엄마의 꽃시』, 마음서재, 2018.

김선영, 『따라 쓰기만 해도 글이 좋아진다』, 좋은습관연구소, 2023.

김형석, 『백년을 살아보니』, 덴스토리, 2016.

다니엘 핑크, 김명철 번역, 『파는 것이 인간이다』, 청림출판, 2013.

도리스 메르틴, 배명자 옮김, 『엑설런스』, 다산초당, 2022.

미겔 데 세르반테스, 김정우 옮김, 『돈키호테』, 푸른숲, 2009.

바버라 스트로치, 김미선 옮김, 『가장 뛰어난 중년의 뇌』, 해나무, 2011.

박경숙, 『문제는 무기력이다』, 와이즈베리, 2013.

박웅현, 『책은 도끼다』, 북하우스. 2011.

버크, 베카리아, 니체 외 27인, 장정일 엮음, 『위대한 서문』, 열림원, 2017.

빅터 프랭클, 『죽음의 수용소에서』, 이시형 옮김, 청아출판사, 2017.

배지영, 『쓰는 사람이 되고 싶다면』, 사계절, 2022.

스티브 도나휴, 고상숙 옮김, 『사막을 건너는 여섯 가지 방법』, 김영사, 2020.

신형철, 『인생의 역사』, 난다, 2022.

이외수, 『하악하악』, 해냄출판사, 2008.

이주형, 『그래도 당신이 맞다』, 해냄, 2010.

어니스트 헤밍웨이, 김욱동 옮김, 『노인과 바다』, 민음사, 2012.

윌리엄 새들러, 김경숙 옮김, 『서드 에이지, 마흔 이후 30년』, 사이, 2015.

정태규, 『당신은 모를 것이다』, 마음서재, 2017.

조현구, 『시간의 말들』, 유유, 2024.

제임스 홀리스, 김현철 옮김, 『내가 누구인지도 모른 채 마흔이 되었다』, 더퀘스트, 2023.

천상병, 『아름다운 이 세상 소풍 끝내는 날』, 미래사, 2001.

파리 리뷰, 권승혁, 김진아 옮김, 『작가란 무엇인가』, 다른, 2014.

한혜진, 『나는 매일 블로그로 출근한다』, 경이로움, 2022.

호원숙, 『우리가 참 아끼던 사람』, 달출판사, 2016.

[김지수의 인터스텔라] 이민진 "재능 고민하지 말고, 해야 할 일 먼저 생각해야"

[표정훈의 호모부커스] '인생 100세 시대'의 저자들

유튜브 사이먼 사이넥 채널, 'How to stop holding yourself back'